Mondialisation de la prostitution, atteinte globale à la dignité humaine

Couverture de
Boris Séméniako

ÉDITIONS MILLE ET UNE NUITS

LES PETITS LIBRES
n° 71

ASSOCIATION POUR LA TAXATION
DES TRANSACTIONS FINANCIÈRES
attac POUR L'AIDE AUX CITOYENS

Association pour la taxation des transactions financières pour l'aide aux citoyens (Attac), 66, rue Marceau, 93100 Montreuil-sous-Bois.
Tél. : 01 41 58 17 40. Fax : 01 43 63 84 62.
Courriel : attac@attac.org
Site web : www.france.attac.org

ISBN : 978-2-75550-065-3

SOMMAIRE

ATTAC

Mondialisation de la prostitution, atteinte globale à la dignité humaine

Coordination : Esther Jeffers, Christiane Marty.

Avec les contributions de Claudine Blasco, Esther Jeffers, Huayra Llanque, Christiane Marty, Jacqueline Pénit-Soria, Lysiane Rolet, Stéphanie Treillet, membres de la Commission « Genre » d'Attac, et avec la collaboration de Claudine Legardinier et Judith Trinquart.

Les rédactrices tiennent particulièrement à remercier Richard Poulin, Élaine Audet, Malka Marcovich, Claudine Legardinier, Yolande Geadah, Judith Trinquart et Janice G. Raymond.

Introduction

La prostitution revêt aujourd'hui dans son organisation des formes directement empruntées à la mondialisation financière. La logique néolibérale a trouvé dans le système prostitutionnel un « secteur » privilégié où se déployer, qui génère d'énormes profits : trafiquer les êtres humains d'Asie, d'Afrique ou d'Europe et les prostituer procure beaucoup de bénéfices pour peu d'investissements. L'interconnexion des activités criminelles, la libéralisation des flux de capitaux, l'absence de contrôle et d'entrave à leur circulation ont fait de la prostitution l'un des marchés globalisés les mieux organisés et les plus rentables.

Cette mondialisation-là illustre le processus de la marchandisation généralisée des biens et des services, à laquelle n'est mise aucune limite, dont le point ultime est la marchandisation des corps et des êtres humains, dans leur intégralité ou non.

Régulièrement dans l'actualité, des témoignages rappellent que non seulement la traite des êtres humains à des fins d'exploitation sexuelle est pratiquée, mais qu'elle se développe ; on apprend le démantèlement de tel ou tel réseau de prostitution et de drogue qui n'hésitait pas à enlever des mineur-es et à les envoyer dans des pays d'Europe. Récemment, l'alerte a été donnée sur le développement en France d'une prostitution étudiante pour payer les études.

Tous les pays sont touchés par ce phénomène qui explose : après l'Afrique et l'Asie du Sud-Est (Thaïlande, Philippines, etc.), pour tous les pays qui appartenaient au bloc de l'Est, l'ouverture à l'économie de marché s'est accompagnée dès le début des années 1990 d'une expansion brutale de la prostitution : Russie, Europe de l'Est et Balkans, puis la Chine, pour ne parler que des phénomènes les plus spectaculaires.

En Europe de l'Ouest, à laquelle est destinée la majorité des prostituées, les pays ont cherché à endiguer leur afflux, à lutter contre le crime organisé. Ils ont réagi différemment : en Allemagne, on a autorisé l'ouverture de maisons closes peu de temps avant que la France ne vote la loi pour la sécurité intérieure, en 2003, qui réprime le racolage passif. Au sein de l'Union européenne, on a constaté une évolution du traitement juridique de la prostitution avec la publication d'un arrêt de la Cour de justice européenne : la prostitution y est considérée comme une simple « prestation de service ».

La sphère de la marchandise s'étend toujours plus. Dans ce contexte, l'offensive menée à l'échelle internationale par certains États pour libéraliser la prostitution peut être assimilée aux grandes manœuvres qui visent à inscrire dans le marbre et de façon irréversible la soumission au marché de tous les aspects de la vie humaine.

Il ne s'agit pas de s'en tenir à condamner et à combattre le système de prostitution sur ses seuls aspects marchands et ses affinités avec le capitalisme néolibéral ; il importe aussi de rappeler que la prostitution est l'une des pires manifestations de la violence sociale contre les femmes, à la fois physique et symbolique. Très ancienne, antérieure à l'apparition du capitalisme, la prostitution est l'une des expressions les plus violentes de la domination masculine. Pourtant, cette violence est souvent niée, car médiée par l'argent – ce qui la rend en apparence tolérable. Non seulement elle s'exerce contre le corps des femmes, mais elle est une force destructrice des relations hommes-femmes. Enfin, elle s'attaque aux femmes en tant que groupe : ce ne sont pas seulement les prostituées qui sont concernées par l'organisation de l'accès à leur sexe par les hommes, c'est l'ensemble des femmes qui est potentiellement susceptible de faire l'objet d'une mise à disposition marchande.

Oppression des femmes et néolibéralisme se nourrissent l'un de l'autre. Le capitalisme néolibéral dispose de ressources idéologiques qui semblent imparables, il avance au nom de l'individualisme et du « libre choix » : il promeut une certaine conception de la liberté individuelle, affichage bien pratique pour occulter les rapports sociaux et les formes de domination dans lesquels sont pris les individus ! Les partisans de la libéralisation de la prostitution, on le verra, trouvent tout à fait leur place dans ce néocapitalisme.

La prostitution est une question qu'Attac et le mouvement altermondialiste ne peuvent ignorer. Comment lutter à la fois contre ce phénomène très organisé de la mondialisation libérale et contre le renforcement d'une des formes d'oppression humaine les plus inadmissibles ? Cette question nous engage à réfléchir sur la notion de « libre choix », sur son utilisation par le néolibéralisme. Derrière ce « libre choix » se place un enjeu de taille, pour l'ensemble des femmes, pour l'égalité entre hommes et femmes et pour le respect des droits humains : quelle société voulons-nous ?

1

Un système prostitutionnel d'une ampleur inégalée

Depuis trente ans, on observe un développement très important de la prostitution et de la traite à des fins de prostitution dans les pays du Sud, principalement en Afrique et en Asie. Dans les années 1990, les pays de l'Europe centrale et orientale (PECO), du fait de leur transition vers l'économie de marché, ont connu à leur tour une explosion spectaculaire d'un phénomène qui, jusqu'alors, y était plutôt marginal.

La prostitution est l'acte de livrer son sexe et son corps moyennant paiement. Définition classique, à laquelle il convient d'ajouter qu'elle se pratique désormais le plus souvent dans le cadre d'un système organisé : on parle aujourd'hui de système prostitutionnel, défini par Malka Marcovich comme « un système complexe qui met en relation des "clients" à qui des proxénètes garantissent, contre rémunération, la possibilité d'un accès marchand au sexe de personnes – de sexe féminin, dans l'immense majorité des cas – adultes, adolescent-es, enfants. Ces personnes, ainsi "prostituées" par certains hommes pour être sexuellement à la disposition de tous les autres, sont ainsi enfermées dans un statut de prostituées ».

Des réseaux de proxénétisme ont structuré cette activité criminelle. Les marchés du sexe sont largement contrôlés par le crime organisé. La mondialisation de la prostitution n'a pu être opérée que par une mondialisation du proxénétisme.

Les proxénètes vivent des revenus de la vente de l'accès au sexe d'un-e ou plusieurs prostitué-es. Le « proxénétisme » présente plusieurs cas de figures : il peut s'agir d'individus, de sociétés commerciales qui gèrent des lieux de prostitution où sont enfermées, vivent et « travaillent » des dizaines, voire des centaines de femmes, mais aussi de personnes ou/et d'institutions dont les revenus proviennent directement ou indirectement de la prostitution : agences de publicité, de voyages ou l'hôtellerie.

Bien qu'il soit difficile d'avoir une évaluation très précise du nombre de prostitué-es, de proxénètes, des chiffres d'affaires générés par ces activités en majorité illégales, que les chiffres rendus publics semblent sous-évalués, qu'ils varient fortement selon les sources et selon la définition retenue, les nombreuses études convergent toutes sur un point : elles alarment sur le développement explosif de l'industrie du sexe.

En 2001, on évaluait entre 40 et 42 millions le nombre total de prostituées dans le monde. Plus de 75 % d'entre elles étaient très jeunes, âgées entre 13 et 25 ans. Plus de neuf prostituées sur dix dépendent de proxénètes (selon des taux oscillant entre 90 % et 95 %). En Asie, que ce soit en Thaïlande, en Indonésie, en Malaisie ou aux Philippines, on estime jusqu'à 1,5 % la part de la population qui se livre à la prostitution. Avant les années 1960 et la guerre du Vietnam, la Thaïlande comptait environ 20 000 prostituées. Elles sont aujourd'hui plus de 2 millions, pour une population de 61 millions d'habitants.

En Europe occidentale, on estime entre 1 et 2 millions le nombre de prostituées, dont une majorité de migrantes clandestines issues de la traite. En France, selon l'Office central de répression de la traite des êtres humains (OCRTEH), il y aurait entre 15 et 20 000 prostituées, dont 70 %

d'étrangères. Depuis quelques années, on assiste à un phénomène de prostitution étudiante, prostitution « cachée », occasionnelle, en majorité féminine (mais un nombre croissant de garçons exercerait aussi cette activité). Si certaines jeunes femmes travaillent dans les bars à hôtesses ou les agences d'*escort*, la plupart exercent seules, de manière indépendante, et utilisent Internet pour louer leurs services : webcams, photos érotiques, sites Internet de petites annonces, offres de massages, etc.

La prostitution masculine, principalement celle des adolescents, connaît elle aussi un fort développement. Selon l'Organisation internationale pour les migrations (OIM), le phénomène le plus récent de la traite d'hommes concerne la prostitution homosexuelle, en pleine expansion, notamment en France, en Espagne et en Allemagne. Ainsi, à Berlin, elle concernerait 3 000 hommes, pour la plupart d'origine roumaine et bulgare. En France, la prostitution d'hommes concerne des Maghrébins ainsi que des Indonésiens et des Latino-Américains, ces derniers étant majoritairement des travestis et des transsexuels.

La prostitution des enfants est elle aussi en net accroissement. Selon l'Unicef, le nombre d'enfants prostitué-es, surtout des filles, augmente d'un million chaque année. En Amérique latine, 65 % des enfants des rues (dont le nombre estimé est 40 millions) se prostituent de façon régulière ou occasionnelle. Le Brésil est l'un des pays les plus touchés. En Asie, le Congrès mondial contre l'exploitation sexuelle des enfants à des fins commerciales (CMESCE) évalue à au moins 1 million les enfants prostitués en Asie du Sud-Est. En Thaïlande, parmi les 2 millions de personnes prostituées, au moins un tiers sont des enfants, principalement des fillettes. Les pays industrialisés ne sont pas non plus épargnés par la prostitution des enfants : ils sont entre 244 000 et 325 000 aux États-Unis. En France, ce sont entre 3 000 et 8 000 enfants qui sont forcés à se prostituer et à mendier[1].

Il est difficile d'évaluer les chiffres d'affaires générés par ces activités. De nombreuses estimations sont avancées dans les travaux de recherche et par les organismes internationaux. Les disparités reflètent les différents modes de calcul : choix des agrégats retenus (chiffre d'affaires, revenus, profits), périmètres concernés (l'ensemble du secteur de la prostitution, ou la seule traite à des fins de prostitution, ou l'industrie du sexe…), selon aussi les définitions données. Il n'existe pas de données officielles étant donné que ces activités sont la plupart du temps illégales, ou masquées, lorsqu'elles sont enregistrées sous des activités d'emprunt. C'est ce qui explique la variation des chiffres, parfois forte. Mais, dans tous les cas, ceux-ci témoignent de l'ampleur du secteur.

Selon Sabine Dusch[2], la prostitution aurait engendré en 2000 un chiffre d'affaires mondial de 60 milliards d'euros. Une récente évaluation des revenus de la prostitution est venue surpasser ce chiffre : dans son livre *Enfances dévastées*, publié en 2007, Richard Poulin utilise les plus récentes études de l'Organisation internationale du Travail (OIT) chiffrant la « prostitution forcée[3] » pour calculer son chiffre d'affaires mondial. Il part du chiffre de l'OIT, qu'il juge assez plausible, le rapporte à l'ensemble de la prostitution mondiale, légale ou non, « forcée » ou « consentie », et arrive alors à un montant, qu'il dit prudent et minimal, de 1000 milliards de dollars US. Ce montant, souligne-t-il, est beaucoup plus réaliste que les précédentes évaluations, largement sous-estimées. La sienne ferait de l'industrie de la prostitution une des toutes premières au monde. En comparaison, l'industrie pharmaceutique aurait engendré 600 milliards de dollars en 2005.

L'industrie de la prostitution représente donc aujourd'hui une part non négligeable de l'économie. Elle était évaluée en 1998 à 5 % du PIB des Pays-Bas, entre 1 et 3 % de celui du Japon, entre 2 et 14 % de celui de la Thaïlande, de l'Indonésie, de la Malaisie ou des Philippines par le Bureau international du Travail (BIT).

Le système prostitutionnel n'existe qu'alimenté par la traite et le trafic des êtres humains. Les termes de « traite » et de « trafic », souvent confondus, renvoient pourtant à des réalités différentes bien que connectées ; le trafic d'êtres humains désigne le transport illégal (« *smuggling* », en anglais), tel que défini par le Protocole contre le trafic illicite de migrants, additionnel à la Convention des Nations unies contre la criminalité organisée (dite de Palerme) : « Activité consistant à assurer, afin d'en tirer directement ou indirectement un avantage financier ou un autre avantage matériel, l'entrée illégale dans un État d'une personne qui n'est ni un ressortissant ni un résident permanent de cet État. » Il comporte toujours le passage d'une frontière, contrairement à la traite.

La traite désigne, elle, l'ensemble des opérations de recrutement, de transport et d'exploitation d'êtres humains. Le terme anglais est « *trafficking* », cc qui prête à confusion, car il est souvent traduit par le mot français « trafic ». La traite est ainsi définie : « Activité couvrant le recrutement, le transport, le transfert, l'hébergement ou l'accueil de personnes, par la menace de recours ou le recours à la force ou à d'autres formes de contrainte, par enlèvement, fraude, tromperie, abus d'autorité ou de situation de vulnérabilité, ou par l'offre ou l'acceptation de paiements ou d'avantages pour obtenir le consentement d'une personne ayant autorité sur une autre à des fins d'exploitation. L'exploitation comprend, au minimum, l'exploitation de la prostitution d'autrui ou d'autres formes d'exploitation sexuelle, le travail ou les services forcés, l'esclavage ou les pratiques analogues à l'esclavage, la servitude ou le prélèvement d'organes. » Conformément à la Convention de Palerme, la traite peut être condamnable même s'il y a consentement de la victime.

La traite est indissociable de la prostitution, c'est un fait établi depuis 1927 ; déjà, la Société des nations l'avait étudiée et avait publié plusieurs rapports qui lui étaient consacrée. Ce lien a été réaffirmé par plusieurs organismes internationaux depuis cette date. Cependant, comme le souligne

Malka Marcovich, on assiste aujourd'hui, dans le cadre des conférences internationales, à une puissante offensive visant à dissocier la traite de la prostitution et à introduire une distinction entre prostitution « libre » et prostitution « forcée », résultant de la traite.

Depuis la chute du mur de Berlin, tandis que la mondialisation bouleverse toutes les structures, la traite connaît de beaux jours. Chaque année, selon l'ONU, la traite mondiale à des fins de prostitution fait environ *4 millions de nouvelles victimes chez les femmes et les enfants*. Selon la Commission des droits des femmes du Parlement européen, 500 000 femmes victimes de la traite à des fins de prostitution entrent chaque année en Europe occidentale.

Selon le bureau de l'ONU pour le contrôle des drogues et la prévention du crime, au cours de la décennie 1990, il y a eu trois fois plus de victimes de la traite à des fins de prostitution dans la seule Asie du Sud-Est que d'esclaves africains dans l'histoire entière de la traite : 33 millions de victimes en une décennie contre environ 11,5 en quatre cents ans. Si ces deux chiffres sont mis en regard, ce n'est bien sûr pas pour faire une comparaison des souffrances qui n'a pas lieu d'être, mais c'est bien pour témoigner de l'ampleur du phénomènc.

La traite à des fins d'exploitation sexuelle concerne désormais aussi des hommes. C'est le cas, selon le BIT, de 80 % des migrants arrivant clandestinement en Ukraine. L'Organisation internationale pour les migrations signale aussi l'existence d'une filière albanaise pour la traite de jeunes hommes et d'adolescents à des fins de prostitution homosexuelle.

Le profit généré par le trafic des femmes et des enfants est en constante augmentation. En 1990, il se montait à 1,5 ou 2,5 millions de dollars. En 2002, les profits étaient estimés entre 7 et 12 milliards de dollars par an.

La traite d'êtres humains à des fins de prostitution suit des circuits bien identifiés, depuis des pays pauvres vers des pays riches. Certains pays sont des lieux de passage par lesquels « transitent » les victimes, où elles peuvent éventuellement être prostituées un temps, ou « cassées » avant d'être revendues plus cher dans le pays qui est leur destination finale. Le sens de la circulation va du sud au nord et de l'est à l'ouest, des campagnes vers les villes. Au gré des événements économiques et politiques, les routes de la prostitution peuvent évoluer et s'adapter aux demandes ou aux obstacles qui leur sont opposés. Toutes les régions du monde sont désormais touchées.

La criminalité organisée a fait de la traite l'un des marchés les plus globalisés. Elle tire profit de l'absence d'harmonisation des législations pénales entre les pays, notamment européens, pour gérer au mieux ses revenus financiers illégaux.

Selon le PNUD, le produit criminel brut mondial atteint 1200 milliards de dollars par an et constitue 15 % du commerce mondial[4]. (La traite à destination des pays réglementaristes, qui délivrent des permis de séjour et de travail avec des visas, par exemple, d'artistes – comme aux Pays-Bas–, ne rentre pas dans le produit criminel.)

En 2002, le G8 soulignait que la mondialisation s'était accompagnée d'une augmentation dramatique de la criminalité organisée transnationale, notamment du trafic d'armes, de drogues, de migrant-es, la traite des êtres humains en étant la partie qui connaît la plus forte croissance ; ses membres reprenaient là les propos de Pino Arlacchi, directeur exécutif du Bureau des Nations unies pour le contrôle des drogues et la prévention du crime. Cette augmentation qui, disait-il, « sape des bases démocratiques de la société », est rendue possible par le blanchiment d'argent et l'utilisation de structures légales qui servent de couvertures aux entreprises criminelles.

Malgré ce constat partagé, il n'y a aucune volonté politique de lutter contre le blanchiment d'argent et les paradis fiscaux qui hébergent notamment les avoirs des proxénètes et autres criminels, puisqu'il faudrait mettre en œuvre un contrôle financier, en contradiction avec la doctrine libérale de la libre circulation des capitaux.

La part de la traite d'êtres humains et de l'industrie du sexe dans la criminalité est considérable. Entre 76 % et 100 % des entreprises du sexe sont contrôlées, financées ou soutenues par le crime organisé. Ses réseaux sont en effet impliqués dans la prostitution des mineurs : il sont capables de repérer les jeunes en fugue pour les absorber dans le milieu de la prostitution, par exemple. L'argent lié à la prostitution et à la traite est ensuite blanchi dans de multiples activités, liées de près ou de loin à l'industrie du sexe. Les rendements élevés ainsi que le risque pénal, en définitive assez faible au regard des bénéfices, expliquent l'engagement croissant de la criminalité organisée dans ces activités.

En Russie, en Ukraine et dans les nouveaux États indépendants de l'Est, la mafia contrôle l'industrie sexuelle. Ainsi, le plus grand centre de contrebande de Bosnie-Herzégovine, l'Arizona Market de Brcko, est aussi le lieu d'un véritable « marché aux femmes » où des Ukrainiennes, des Moldaves, des Roumaines, des Bulgares et des Russes sont exhibées nues et vendues aux enchères. Au Japon, la traite et l'industrie du sexe sont contrôlées par les *yakusas*. Les filières albanaises, turques, nigérianes, les triades chinoises, les milieux serbe et croate sont aux mains des mafias locales. Aux Pays-Bas, l'investissement considérable d'argent sale dans les structures légales (bars, hôtels, etc.) dans le « quartier rouge » d'Amsterdam constitue plus qu'un simple placement : il crée de fait des « territoires francs ».

De l'avis des experts européens, le trafic des femmes et des enfants rapporte aujourd'hui plus que celui des armes et de la drogue. La raison en est simple : une arme, comme une dose, ne peut être vendue qu'une fois, tandis qu'une femme peut l'être de nombreuses fois. Tous les intermédiaires bénéficient de ce « commerce » : les femmes passent des rabatteurs aux trafiquants, souvent après avoir été rendues corvéables, avant d'être cédées aux proxénètes et tenanciers de bars, de salons de massage ou d'hôtels.

Les revenus du système prostitutionnel irriguent largement tous les secteurs d'activité liés au sexe, désignés par le terme d'« industrie du sexe », défini ainsi par Charles Grosjean, chercheur au CNRS : « Ensemble des activités qui placent sur le marché des services/produits sexuels sous une forme organisée et en tirent des profits. Bien souvent, *via* l'exploitation sexuelle de personnes (femmes, enfants, hommes). En plus de la prostitution, sans laquelle il n'existerait pas de traite à des fins de prostitution ni de tourisme sexuel, l'industrie du sexe comprend les activités de la pornographie (vidéos, films, revues, annonces publicitaires), les mariages forcés, mariages par correspondance, Internet, tourisme sexuel, eros centers, cabarets, téléphones roses, salons de massage, etc.[5] »

Pour de nombreux pays, l'industrie du sexe est une source officielle de devises, à laquelle les autorités nationales ne mettent aucun frein, bien au contraire. Dans la continuité des « activités récréatives » organisées naguère pour les GIs pendant la guerre du Vietnam, la Banque mondiale et le FMI ont offert de gros crédits à la Thaïlande afin qu'elle fasse de son industrie du tourisme et du divertissement une priorité économique nationale.

Le tourisme sexuel est devenu aujourd'hui, par ordre d'importance, le 3e commerce mondial illégal, juste après la drogue et le trafic d'armes. Sur les 842 millions de touristes dans le monde qui sortent chaque année de leur pays, on estime que 10 % d'entre eux choisissent leur destination en raison de son offre de tourisme sexuel, que celui-ci prenne la forme de la prostitution classique de rue, celle du voyage sexuel organisé ou qu'il ait le visage d'« accompagnatrices » ou de « compagnons de passage ». Les clients peuvent être aussi bien des touristes sexuels « occasionnels », des voyageurs « assidus » que des « pédophiles ». Si ces « touristes » d'un genre particulier n'ont pas de profil type, une étude de Scotland Yard, présentée en 2000 par *Le Nouvel Observateur*, révélait que la clientèle « occasionnelle » est composée à 96 % d'hommes, à 73 % de « race » blanche, que 75 % d'entre eux sont mariés et 91 % croyants.

Parmi les pays les plus touchés par le tourisme sexuel, la Thaïlande. Chaque année, environ 800 000 visiteurs viennent « profiter » de jeunes Thaïs. Au Cambodge, on estime que 44 % des prostituées ont eu leur premier rapport sexuel avec des touristes. Les pays d'Amérique latine, des Caraïbes et d'Afrique sont tout aussi concernés par ce tourisme sexuel.

Ainsi, l'industrie du sexe, sous ses diverses formes, est-elle devenue une industrie de masse qui génère d'énormes revenus. Son chiffre d'affaires a été multiplié par 6 en vingt ans, profitant très largement du phénomène de globalisation de l'économie et du développement des nouvelles technologies de l'information et de la communication.

Internet a permis notamment, à côté de « la prostitution de trottoir », la prolifération d'une offre de prostitution par des call-girls, escort-girls, ainsi que l'apparition de forums sur lesquels les clients échangent leurs impressions sur les prestations des filles qu'ils ont fréquentées et qu'ils se recommandent !

Le nombre de sites à caractère pornographique a explosé au cours de la dernière décennie, témoignant de la prospérité de l'industrie de la pornographie. En effet, celle-ci connaît une croissance impressionnante : son marché a été multiplié par 8 en vingt ans. Son chiffre d'affaires mondial serait de 52 milliards d'euros (avec 70 % des dépenses réalisées sur Internet en 2002). C'est la troisième industrie du Danemark, qui a été le premier pays à la « libéraliser ».

L'industrie de la pornographie est étroitement liée avec des secteurs traditionnels du commerce, tel le secteur hôtelier qui profite de la location de films pornos visionnés dans les chambres par leur clientèle. Richard Poulin précise qu'aux États-Unis, les hôteliers perçoivent une rémunération s'élevant à environ 20 % du prix de la location des films. Les opérateurs par câble, par satellite, les sites Web exploitent, eux aussi, ce filon. La sphère d'activité et l'emprise de la pornographie se sont considérablement étendues grâce aux nouvelles technologies de l'information : elle s'est engoufrée dans tous les espaces créés par les nouveaux médias.

Aux États-Unis, 75-% des magasins de vidéo vendent des cassettes ou des DVD pornographiques, ce qui assure entre 50 % et 60 % de leur chiffre d'affaires. Plus de 65 % des connexions sur le Net se font sur des sites pornographiques.

Le chiffre d'affaires de la pornographie enfantine atteindrait aux États-Unis entre 2 et 3 milliards de dollars US par an. Rien que dans ce pays, les producteurs de pédopornographie auraient filmé un million d'enfants, d'après Richard Poulin. L'appât des profits que fait miroiter la pornographie a attiré la mafia, qui aurait infiltré ce secteur à 85 ou 90 %.

2

Institutions internationales et États : le grand tournant de la réglementation ?

Si la prostitution est « vieille comme le monde », la constitution et l'expansion du système prostitutionnel sont récentes ; les enjeux qui en découlent ont donné lieu à des interprétations inédites et des prises de position nouvelles par plusieurs institutions internationales comme par certains pays. Plus que jamais, la question de la prostitution est à l'ordre du jour, bien qu'elle soit peu mise en avant. Elle fait l'objet de débats qui marquent une nouvelle étape, voire un tournant dans son approche.

Depuis le XIXe siècle, la lutte contre la prostitution est une partie intégrante du combat pour l'égalité entre les femmes et les hommes. Il constitue en effet une violence exercée à l'encontre des femmes.

La Convention de 1949 est l'aboutissement de quatre-vingts années de lutte des mouvements féministes et abolitionnistes. Cette lutte a été engagée en

Angleterre en 1866 par Josephine Butler. Alors que l'esclavage venait d'être aboli dans la plupart des pays européens, Josephine Butler considérait que le système de la prostitution constituait une forme contemporaine d'esclavage qui opprimait les femmes et portait atteinte à l'humanité toute entière. Le combat pour les droits des femmes s'est d'abord inscrit au niveau international dans le combat contre la traite des femmes : en 1904, puis 1910, les deux conventions internationales relatives à la répression de la traite des femmes laissent apparaître la prise en compte pour la première fois d'une dimension de la « condition féminine ». D'autres conventions suivent, après la Première Guerre mondiale, qui étendent le champ de la répression, aux enfants notamment.

Approuvée en décembre 1949, puis entrée en vigueur en juillet 1951, la Convention des Nations unies pour la répression de la traite des êtres humains et de l'exploitation de la prostitution d'autrui proclame : « *La prostitution et le mal qui l'accompagne, à savoir la traite des êtres humains en vue de la prostitution, sont incompatibles avec la dignité et la valeur de la personne humaine.* »

Elle prévoit que les États signataires – plus de 70 pays, dont la France qui l'a ratifiée en 1960 –

punissent toute personne qui « *embauche, entraîne ou détourne en vue de la prostitution une autre personne, même consentante ; exploite la prostitution d'une autre personne, même consentante* » (article 1) ; toute personne qui « *tient, dirige ou, sciemment, finance ou contribue à financer une maison de prostitution ; donne ou prend sciemment en location, en tout ou en partie, un immeuble ou un autre lieu aux fins de la prostitution d'autrui* » (article 2). Elle prévoit des mesures de protection dans ses articles 15 et 16.

En 1979, les Nations unies adoptent la Convention sur l'élimination de toutes les formes de discrimination à l'égard des femmes (CEDAW). Son article 6 stipule que les États parties doivent prendre toutes les mesures pour supprimer le trafic des femmes et l'exploitation de la prostitution : ils doivent prendre « *toutes les mesures appropriées, y compris des dispositions législatives, pour supprimer sous toutes leurs formes, le trafic de femmes et l'exploitation de la prostitution des femmes* ».

En 1989, la Convention relative aux droits de l'enfant reste dans la filiation de la Convention de 1949, dans ses articles 34 et 35 : « *Les États par-*

ties s'engagent à protéger l'enfant contre toutes les formes d'exloitation sexuelle et de violence sexuelle », ajoutant aux formes d'exploitation la pornographie.

En 2000, le protocole additionnel à la convention des Nations unies contre la criminalité transnationale organisée visant à prévenir, réprimer et punir la traite des personnes, en particulier des femmes et des enfants, est signé à Palerme. Il reconnaît que la traite ne peut être dissociée de l'exploitation de la prostitution. En citant les différentes formes d'exploitation interdites, il souligne comme première forme d'exploitation *« l'exploitation de la prostitution d'autrui ou d'autres formes d'exploitation sexuelle »*. La définition précise que le consentement des victimes à l'exploitation est sans incidence, indiquant ainsi que la charge de la preuve ne doit pas peser sur ces dernières. Des mesures de protection des victimes sont également prévues.

Dans le protocole, pour la première fois, l'ONU intègre la question de la demande qui favorise la traite : dans son article 9.5, il précise que les États parties doivent adopter ou renforcer *« toutes les mesures législatives ou autres [...] pour décourager la demande qui favorise toutes les formes d'exploitation des personnes, en particulier des femmes et des enfants, aboutissant à la traite* ».

Au même moment, au Parlement européen, certaines féministes, au nom du consentement, disent pouvoir distinguer de façon incontestable la prostitution « libre » de la prostitution « forcée ». La même année, en 2000, des acteurs de la société civile, venus du monde entier (des écrivains, des théoriciens de la sexualité et des chercheurs), se réunissent pour proposer la reconnaissance du consentement comme un acte de liberté et d'autonomie.

À la veille de l'adoption du protocole additionnel, on assiste donc à une véritable offensive internationale contre la Convention de 1949, offensive qui se poursuit aujourd'hui encore, orchestrée par les pays réglementaristes, au premier rang desquels les Pays-Bas. En octobre 2000, les Pays-Bas ont légalisé la protitution, autorisant alors l'ouverture de 700 maisons closes. L'année suivante, l'Allemagne a suivi la voie ouverte par son voisin.

Préalablement, les réglementaristes avaient réussi à faire introduire dans les textes une distinction entre prostitution « forcée » et « volontaire ». La Convention de 1949 la refusait explicitement, puisqu'elle vise un seul objectif : l'abolition de la prostitution.

C'est en 1995 que le terme de prostitution « forcéc » apparaît pour la première fois dans un texte international de référence. À l'issue de la IVe Conférence mondiale des femmes à Pékin, la plateforme d'action qui est adoptée introduit ainsi l'expression : ce texte engage les États à combattre la violence sexuée, dont les manifestations sont *« les tabassages et autres formes de violence familiale, les sévices sexuels, l'esclavage, la prostitution forcée et le harcèlement sexuel [...] »*. Pendant de « prostitution forcée », le terme « volontaire », qui renvoie à la notion de « consentement », fait depuis lors l'objet d'une véritable bataille au niveau des organisations internationales. La terminologie de 1949 – « exploitation de la prostitution » – est désormais susceptible d'être remplacée dans nombre de textes régionaux et internationaux par « exploitation de la prostitution forcée ». La charge de la preuve peut ainsi être reportée sur les femmes qui auront à prouver qu'elles ont été forcées.

Surtout, cette nouvelle dénomination revient à considérer que la prostitution qui ne résulterait pas directement d'un trafic serait par définition « libre », « volontaire », ce qui en nie le caractère de violence structurelle à l'égard des femmes, comme l'écrit Malka Marcovich.

En 1998, le Bureau international du travail (BIT) avait publié le rapport[6] rédigé par l'une de ses chercheurs, spécialiste de la politique de l'emploi, qui constatait que la prostitution avait pris les dimensions d'une industrie et contribuait, directement ou indirectement, à l'emploi, au revenu national et à la croissance économique des pays d'Asie du Sud-Est. Ce rapport considérait ouvertement la voie de la légalisation de la prostitution : « *La possibilité d'une reconnaissance officielle serait extrêmement utile afin d'élargir le filet fiscal et couvrir ainsi nombre d'activités lucratives qui y sont liées*[7]. »

Dans le rapport du BIT, la prostitution est considérée d'un point de vue strictement économique. Certes, on lit aussi qu'« *une difficulté majeure réside dans le fait que les mesures visant le secteur du sexe doivent prendre en compte les questions morales, religieuses, de santé, des droits humains et de la criminalité, alors que ce phénomène est surtout de nature économique... Une position centrée sur les prostituées de manière individuelle a tendance à souligner un souci moraliste ou pour les droits humains, ce qui a son importance certes, mais qui n'influera en rien sur la transformation du secteur* ». Fruit du travail de l'économiste Lin Lean Lim, le rapport banalise l'emploi des termes « industrie du sexe » ou « travailleuse du sexe », ce qui revient à nier la violence inhérente au système prostitutionnel.

Répondant au rapport du BIT, par une publication intitulée « Légitimer la prostitution en tant que travail : l'OIT appelle à la reconnaissance de l'industrie du sexe », Janice G. Raymond, codirectrice exécutive de la Coalition Against Trafficking in Women (CATW), a dénoncé l'inanité des arguments avancés : observant qu'en Thaïlande *« la prostitution reste l'activité illégale la plus importante »*, bien plus que les trafics de drogues, d'armes ou de travail humain illégal, l'OIT s'accommode étonnamment de cette vaste économie noire et grise, et suggère sa reconnaissance officielle ! Elle recommande de l'insérer dans l'économie en la soumettant à des taxes et des réglementations, et de l'intégrer ainsi au PNB. Elle y voit de plus l'avantage de réduire le taux officiel de chômage. Les gouvernements auraient alors de puissants intérêts dans « l'industrie du sexe », et en deviendraient encore plus dépendants, malgré l'illusion de pouvoir réinvestir dans d'autres secteurs. Selon L. L. Lim, si elle sortait du secteur informel en devenant un « travail » reconnu, la prostitution serait un moyen de donner des droits sociaux aux personnes prostituées. Par ailleurs, le rapport affirme que « *les femmes ayant peu ou pas d'éducation gagnent souvent plus grâce à la prostitution que par tout autre emploi possible qui leur serait proposé* ». À le lire, la prostitution serait presque une chance pour ces femmes !

Comme s'il y avait là matière à un ascenseur social ! Quelle illusion. Il n'est pas possible de se contenter d'un « mieux que pire » ! Quels sont donc les choix réels et les possibilités qui s'offrent à ces femmes pour qu'elles sortent d'une situation de vulnérabilité sociale et économique, pour qu'elles subviennent à leurs besoins, s'émancipent et bénéficient des droits humains et sociaux en tant que personne ? La prostitution n'est pas la solution. Les études montrent que, dans les pays où la prostitution est légalisée, la prostitution augmente et avec elle la violence faite aux femmes.

Il est très inquiétant qu'une institution comme l'OIT relègue les questions des droits humains et de la santé loin derrière les intérêts économiques. Niant les violences vécues, elle ne semble s'intéresser aux personnes prostituées qu'en tant que sources de profit possible, selon une vision en totale adéquation avec celle des proxénètes… Il est consternant qu'un organisme international en appelle à créer un droit du travail pour les personnes prostituées, qui serait censé les protéger mieux que l'application des droits humains ! C'est un discours grave et irresponsable qui peut avoir des conséquences dramatiques sur les populations.

Face à la prostitution, les États se répartissent en trois catégories.

Dans les pays prohibitionnistes, la prostitution est un délit, elle est interdite, et tous les acteurs sont poursuivis. La prostitution ne peut y être que clandestine et réprimée ; dans les faits, la répression vise surtout les prostituées. Appartiennent à cette catégorie plusieurs États des États-Unis, la Chine, les pays islamiques en général… Ainsi, en 2008, le gouverneur de New York a dû démissionner après avoir été publiquement identifié comme utilisateur d'un réseau de prostitution. En République populaire de Chine, même si la prostitution est officiellement interdite, on constate qu'elle est répandue et le seuil de tolérance très large. Selon Yan Fan, économiste chinois, ses revenus représentent autour de 6 % du PIB.

Les pays réglementaristes considèrent la prostitution comme un « mal nécessaire » qu'il convient de canaliser, de contrôler et d'organiser ; il n'y a parfois pas loin, comme aux Pays-Bas, de le tenir pour un « service public » soumis à des règles : quartiers réservés, maisons closes ou eros centers, registres et fichiers de police, surveillance médicale des personnes prostituées. La prostitution s'exerce sous le contrôle de la police et des municipalités. Le proxénétisme est reconnu sur le plan légal. En Europe, les principaux pays concernés sont les Pays-Bas, l'Allemagne et l'Autriche.

Les pays abolitionnistes se réclament de la Convention internationale des Nations unies pour la répression de la traite des êtres humains et de l'exploitation de la prostitution d'autrui du 2 décembre 1949. Ils interdisent le proxénétisme et le racolage ; ils sont tenus de mettre en place des mesures pour protéger et réinsérer les personnes prostituées, qui sont considérées comme des victimes, conformément à l'article 16 de la Convention de 1949. Ces pays interdisent donc les maisons closes, ne tiennent ni registres, ni fichiers de police et sanitaires, et n'exercent pas de surveillance médicale des personnes prostituées.

Voilà pour les positions théoriques. Au vu des politiques concrètes qu'ils mettent en œuvre, les États ne sont pas totalement identifiables à l'une ou l'autre des trois catégories. La France, officiellement abolitionniste, mène une politique souvent bien éloignée des principes affichés tandis que la Suède, elle aussi abolitionniste, mène depuis 1999 une politique volontariste de lutte contre la prostitution. Depuis quelque temps, l'évolution tend vers le ralliement de plusieurs États à des politiques réglementaristes.

Comme toutes les conventions de l'ONU qui ont été rédigées avant 1960, la convention de 1949 ne possède aucun mécanisme d'application contraignant, ni de contrôle au sein des Nations unies. La majorité des pays européens a ratifié la Convention de 1949, mais elle ne l'applique pas pour autant.

Ainsi, la France a signé la convention de 1949 et l'a ratifiée en 1960. Bien qu'abolitionniste, elle a une politique pour le moins incohérente en matière de prostitution. Les prostituées, qui ne sont pas passibles de poursuites pénales, sont toutefois soumises à l'impôt au titre des bénéfices non commerciaux ; les proxénètes sont des délinquants, mais ils sont passibles de l'impôt au titre des bénéfices industriels et commerciaux et de la TVA. Autre problème, celui de la réinsertion. L'État a confié aux associations la mission d'aide aux personnes prostituées en vue de leur réinsertion, avec des moyens nettement insuffisants. Par ailleurs, la France ne voit dans les prostituées migrantes que des sans-papiers, donc expulsables, contrairement à l'Italie et à la Belgique qui les considèrent comme des victimes. En même temps, la France est l'un des premiers pays à avoir pris des mesures permettant de poursuivre et condamner les touristes pédophiles français, même s'ils ont commis leur forfait à l'étranger.

Cette incohérence a été renforcée par la loi pour la sécurité intérieure (LSI) du 18 mars 2003, adoptée lorsque Nicolas Sarkozy était ministre de l'Intérieur, qui tend à transformer la France en pays prohibitionniste. En effet, elle a créé une nouvelle série de délits et de sanctions, notamment le délit de « racolage passif » qui peut être puni de deux mois d'emprisonnement et de 3 750 euros d'amende. Les prostituées sont désormais considérées comme des délinquantes, ce qui est contraire à la convention de 1949. Cette loi se traduit concrètement par des gardes à vue prolongées, des reconduites à la frontière des étrangères et la privation de leur titre de séjour. Elle frappe les personnes qui sont les premières victimes de la prostitution, sans s'attaquer véritablement au proxénétisme ni mettre en cause la demande des clients.

La Suède, elle, dans le même temps, a renforcé sa position abolitionniste : « *La loi suédoise, interdisant depuis 1999 l'achat de services sexuels, n'aurait pu être adoptée, rappelle Yolande Geadah, sans l'extraordinaire impulsion des membres féministes d'un Parlement dominé par le Parti social-démocrate et sans l'appui de l'organisation nationale suédoise des refuges pour les femmes victimes de violence (ROKS). Il leur a cependant fallu beaucoup de détermination et de persévérance pour faire en sorte que cette question devienne une priorité pour le gouvernement.*[8] »

La Suède a opté pour un axe répressif original, à savoir étouffer la demande : « *Reconnaissant le fait que, s'il n'y avait pas de clients, il n'y aurait pas lieu de prostituer des femmes et des enfants, la nouvelle loi criminalise le proxénète (4 à 6 ans) et le client (au plus 6 mois), mais non la prostituée. En Suède, la peine maximale étant au maximum de dix ans, on peut considérer que 6 ans est une peine sévère.* »

La législation suédoise ne semble pas rejeter les prostituées dans la clandestinité, contrairement à ce qui a été dit par quelques critiques : « *Compte tenu de l'approche globale et intégrée de la loi suédoise, qui prévoit des mesures destinées à venir en aide aux femmes prostituées, il est difficile d'imaginer en quoi le contexte de violence pourrait être pire qu'avant. Les prostituées peuvent aussi aisément porter plainte en cas d'abus, sans crainte d'être arrêtées, ce qui laisse envisager une baisse plutôt qu'une augmentation de la violence car un nombre accru de clients violents seront inculpés*[9]. »

Et de conclure : « *Le vrai défi* [selon Yolande Geadah] *se trouve du côté du changement en profondeur des mentalités et des comportements des hommes. Il est certain que le degré de réussite de la législation suédoise en matière de prostitution dépendra des efforts quotidiens que tous et chacun accepteront de faire de plein gré, la loi aidant*[10]. »

Dans ses recommandations du 16 juillet 2001[11], le Groupe de travail sur les formes contemporaines d'esclavage se déclare « convaincu qu'en matière d'exploitation sexuelle, la demande joue un rôle critique dans le développement et l'expansion de l'industrie mondiale du sexe ». Il souligne également le succès de la mise en œuvre de la loi suédoise qui réprime l'achat de services sexuels.

Entre 1990 et 2000, plusieurs pays ont réglementé la prostitution ; en réalité, ils l'ont légalisée. Il s'agit des Pays-Bas, de l'Allemagne, de l'Australie, de la Nouvelle-Zélande, de la Suisse et de la Grèce.

L'Australie et l'Allemagne ont opté pour une législation de type réglementariste, alors que les Pays-Bas ont fait de la prostitution un « travail », bénéficiant des mêmes avantages sociaux que ceux accordés à d'autres professions.

Ces évolutions créent des effets de « cliquet de non-retour ». Ainsi, en Australie, par exemple, où la prostitution est légalisée, l'État tire à présent si bien profit de la marchandisation du corps des femmes, par le biais des taxes et des permis, qu'il n'est plus question de revenir en arrière.

L'étude des normes internationales et des politiques gouvernementales montre que le système prostitutionnel utilise depuis de nombreuses années les failles et le manque de réponse des États autant que des institutions supranationales, que ce soit au niveau, européen ou mondial.

3

La mondialisation pour moteur

La prostitution peut être définie comme l'organisation de l'accès au corps et au sexe des personnes prostituées. Le *système prostitutionnel* est structuré comme un marché ; comme tous les marchés, il a trouvé son plein essor avec la mondialisation.

Aujourd'hui, le développement du système prostitutionnel est totalement intégré au processus de la mondialisation néolibérale. Il tire profit de la désagrégation des sociétés et de l'évolution de la pauvreté, conséquences des plans d'ajustements structurels au Sud, et de l'expansion du libre échange ; de l'augmentation de la criminalité financière et de la traite des êtres humains en général ; de la criminalisation des migrant-es.

La désagrégation des sociétés ainsi que l'augmentation de la pauvreté et du chômage est une conséquence des politiques économiques, dictées notamment par le FMI et la Banque mondiale.

Ces politiques entraînent une aggravation importante des conditions de vie de nombreuses femmes. Certaines d'entre elles, fragilisées, sont happées dans les rouages du système de prostitution. Ainsi, dans les pays d'Afrique, l'instauration du libre échange a été très néfaste pour de nombreux petits commerces, dans les secteurs du textile et de l'alimentation, la plupart du temps tenus par des femmes qui ne pouvaient pas lutter contre la concurrence de produits provenant des pays riches et bénéficiant de subventions. Dans les pays de l'Europe centrale et orientale, la transition vers l'économie de marché s'est accompagnée de privatisations ; le recul du secteur public a entraîné une augmentation massive de la pauvreté et du chômage qui a touché majoritairement les femmes.

Le système prostitutionnel bénéficie pleinement de l'accroissement des migrations internationales. En accentuant à l'échelle mondiale les inégalités, la mondialisation néolibérale a provoqué un essor des flux migratoires des pays pauvres vers les pays riches. Aujourd'hui, quasiment la moitié des migrants à l'échelle mondiale sont des femmes[12]. Or, compte tenu de leur statut dans leur société d'origine, les femmes ne migrent pas dans les mêmes conditions que les hommes, ni pour effectuer les mêmes tâches. Beaucoup d'entres elles deviennent à l'étranger domestiques ou employées dans les métiers du « soin » (infirmières, garde-malade, aide aux personnes âgées) ; parmi elles, un nombre significatif se fait piéger par les réseaux de la traite des êtres humains, dont la majeure partie se fait à des fins de prostitution.

De surcroît, la criminalisation de l'immigration clandestine par les politiques nationales, européennes et internationales accentue la vulnérabilité des migrant-es et facilite les abus, l'exploitation et le trafic des êtres humains. Les réseaux mafieux de traite et de trafic profitent de l'opacité financière et de la complicité des paradis fiscaux.

De véritables filières de traite ont été organisées à destination des pays européens à partir du Nigeria, du Sénégal, du Mali, de la Guinée, mais aussi à partir des pays d'Europe de l'Est. Plus récemment on a assisté à l'émergence de nouvelles routes au départ de l'Europe de l'Est en direction de l'Afrique du Sud et du Japon.

Les jeunes filles qui font l'objet de cette traite se laissent abuser par des offres leur faisant miroiter un emploi. Elles se retrouvent otages des trafiquants, certaines sont même vendues par un membre de leur famille. Elles subissent sévices, chantages, menaces à la famille, suppression du passeport, dressage dans des maisons d'abattage, ou même encore vente aux enchères...

Parallèlement, certains États encouragent leur population à émigrer, comme dans le cas des Philippines, où les femmes s'expatrient et contribuent, entre autres par le biais de la prostitution, à réduire depuis l'étranger les dettes de la famille et à rembourser la dette nationale.

Pointer les mécanismes liés à l'immigration ne signifie pas qu'il faut établir une distinction entre la prostitution d'origine étrangère liée à la traite et à la mondialisation, et la prostitution locale « historique » : il n'y a aucune rupture ni de nature ni de structure entre les deux. Dénoncer les « étrangères » revient à cautionner et à rendre plus acceptable la prostitution « locale », tout en créant des sentiments de concurrence, d'animosité et de racisme. Les violences et l'exploitation que subissent ces femmes peuvent varier en degré, mais sont de la même nature et les conséquences sur leur santé sont identiques.

Enfin, le système de la prostitution n'est pas seulement fondé sur les inégalités entre hommes et femmes. Il est aussi structuré par les inégalités entre catégories sociales et par les inégalités d'origine ethnique. L'énorme majorité des prostituées est en effet issue des classes défavorisées ; les femmes issues d'ethnies minoritaires ou des (ex) colonies sont sur-représentées dans tous les pays : femmes autochtones au Canada et dans de nombreux pays d'Amérique latine, aborigènes en Australie, maoris en Nouvelle-Zélande, tsiganes, minorités ethniques en Thaïlande, au Yunnan, minorités russes dans les pays baltes, etc.

Au total, le système de la prostitution s'appuie sur l'exploitation des grands rapports de domination dont témoignent ces inégalités : rapports de sexe, de classe, rapports de domination Nord-Sud. Ce sont ces facteurs structurels qui invalident fortement l'idée qu'il existerait un « choix », que des femmes, individuellement, auraient choisi de pratiquer cette activité. Comment expliquer sinon que la prostitution concerne très majoritairement les personnes les plus vulnérables, celles des classes sociales défavorisées, des minorités ethniques ou les victimes d'agressions sexuelles lors de leur jeunesse ?

« Ce que nous appelons la prostitution est un "système prostitutionnel". Et celui-ci est à la fois

l'expression la plus manifeste de l'existence de systèmes patriarcaux qui mettent en œuvre, confortent et cautionnent la mise en dépendance sexuelle des femmes, mais aussi de systèmes marchands, capitalistes ou non, fondés sur l'échange, l'achat, la vente, l'exploitation des corps, de tous les corps et plus particulièrement du corps des femmes. Et c'est parce qu'il s'agit à la fois d'un "système" et d'un "marché" qui fonctionne selon la loi de l'offre et de la demande qu'il n'est pas possible de distinguer la prostitution du proxénétisme[13]. »

Il s'agit bien de l'organisation d'un marché qui met en jeu le trio proxénètes-femmes prostituées-clients, selon des caractéristiques bien particulières : l'acheteur (le client, le prostitueur) est presque exclusivement un homme. La personne qui se prostitue est, dans 95 % des cas, de sexe féminin. On entend parfois dire qu'une personne prostituée « vend un service sexuel », expression qui banalise la prostitution et témoigne d'une ignorance de la réalité : ce n'est pas la personne prostituée qui vend, mais c'est elle-même qui est vendue. Voilà pour la transaction.

Il s'agit donc d'un marché fondé sur un ordre sexiste, marché structuré du niveau local au niveau international, très rentable pour ceux qui l'organisent.

Toute l'histoire de l'organisation de la prostitution témoigne diversement de la mise à disposition des femmes pour les hommes : pour les militaires, pour les sportifs (par exemple, à l'occasion de la coupe du monde de football en 2006 en Allemagne), pour les humanitaires ou des personnels de l'ONU, pour les chercheurs lors des congrès scientifiques, pour les sessions politiques (lorsque siège le Parlement européen à Strasbourg le nombre de prostituées augmente). Les guerres, la présence d'armées d'occupation renforcent le développement de la prostitution.

L'idée a toujours été de sacrifier une minorité de femmes pour satisfaire une certaine idée de la sexualité des hommes, la grande absente étant la sexualité des femmes. Le fait que se développe aujourd'hui une prostitution d'hommes (surtout d'ailleurs à destination d'hommes) prouve seulement la capacité du néolibéralisme à élargir le marché du sexe. Mais cela ne gomme en rien le caractère patriarcal du système de prostitution.

Car, les mentalités occupent une place centrale dans la permanence du système prostitutionnel. Mythes culturels, croyances et représentations fon-

Clients prostitueurs : le maintien de l'ordre archaïque

Les corps des femmes demeurent, malgré l'avancée de leurs droits, un bien à disposition auquel les hommes ont accès à toute heure et en tout lieu. Comme le montrent les grands rassemblements masculins, qu'ils soient militaires, sportifs ou touristiques, le corps des femmes est un lieu de défoulement, et la sociabilité masculine est encore fondée sur leur exploitation sexuelle. Il s'agirait en quelque sorte d'un « droit de l'homme » éternel et universel. Il s'est toujours accompagné d'un confinement des femmes à des rôles traditionnellement centrés sur les besoins des hommes et sur les fonctions de service – service domestique, service maternel, service sexuel – ; les femmes étant reléguées à l'écart des sphères du savoir et du pouvoir.

Il reste un lieu, dans nos sociétés, où cet accès au corps des femmes – désormais étendu, commerce oblige, à celui des jeunes hommes et des enfants – est garanti : la prostitution. Le comportement des utilisateurs y est dédouané, ceux-ci n'ont de compte à rendre à personne : irresponsabilité, désengagement moral, droit tacite à la violence. Les prostituées sont les premières à dire à quel point « l'argent leur donne le sentiment qu'ils ont tous les droits ».

Pour la première fois est posée la question de la responsabilité des « prostitueurs » – un terme créé par les abolitionnistes pour remédier à l'occultation dont ils ont toujours bénéficié. Depuis 2000 et le protocole onusien de Palerme, les textes internationaux invitent les États à « décourager la demande » afin de faire reculer la traite, dont la majorité des victimes sont destinées à l'exploitation sexuelle. L'enjeu est de taille.

Interroger le comportement des clients prostitueurs, c'est

questionner un fondement de nos sociétés, l'ordre patriarcal lui-même.

La première enquête menée en France sur les prostitueurs ne date que de 2004. Elle fait apparaître des hommes ordinaires, de tous âges, de toutes catégories socioprofessionnelles, souvent en couple. L'éternel cliché sur la prostitution comme réponse à la misère sexuelle et à la solitude est une imposture. L'enquête montre surtout un souci dominant de « normalité », et plus qu'une recherche de plaisir, une démarche d'évaluation de l'image de soi et de réassurance identitaire. Les hommes interrogés se présentent comme des victimes : de leurs « besoins » et des femmes – trop exigeantes, trop compliquées, trop égoïstes, trop provocantes, trop libres, dotées de trop de pouvoir. Ils les partagent en deux catégories, la maman et la putain. Ce discours s'accompagne pour certains d'un imaginaire sexuel fondé sur la domination et la violence (les prostituées sont les premières à rappeler que le premier agresseur est le client), pour d'autres sur la chosification de la prostituée vue comme marchandise à consommer. L'influence du groupe masculin, les liens avec l'alcool et les sorties du samedi soir, la peur et l'ignorance de l'autre sexe, l'image des femmes et de leur sexualité reflètent chez ces hommes une idée de la sexualité liée à des schémas profondément traditionnels, à un ordre ancien dont on aurait pensé qu'il était dépassé.

D'autres enquêtes mettent en avant la dimension sexiste et raciste du système prostitutionnel. Julia O'Connell Davidson[14] montre comment les prostitueurs recourent à des stéréotypes colonialistes, à un « racisme sexualisé » pour exploiter les personnes étrangères. Elle souligne également comment la libéralisation du système pousse des clients de la prostitution adulte à franchir de plus en plus les limites pour solliciter des mineur-es.

> La Suède a été le premier pays à adopter un changement radical de perspective et à pénaliser les clients, en 1999. Pour la première fois, l'homme prostitueur est tenu de faire face aux conséquences sociales et humaines de ses actes. L'interdiction de « l'achat de services sexuels », votée par un parlement à 43 % féminin, n'a rien d'une lubie puritaine. C'est l'affirmation – si rare encore – d'une volonté politique d'égalité entre hommes et femmes et de lutte contre les violences faites aux femmes et à la personne humaine. Cette politique a deux conséquences notables : le recul de la traite et une importante portée symbolique. Le principe « On n'achète pas le corps d'autrui, même avec son consentement » est désormais le principe éthique avec lequel grandissent garçons et filles.
>
> Ces dernières années, de nombreux textes internationaux ont insisté sur la nécessité de prendre des mesures législatives et/ou des mesures éducatives, sociales et culturelles pour faire reculer la « demande ». En 2004, l'ONU a purement et simplement interdit à ses hommes en poste à l'étranger tout achat de service sexuel au nom de l'impossibilité de reconnaître une prostituée prétendument « libre » d'une prostituée « forcée ». Des campagnes de prévention se multiplient en direction des prostitueurs dans de nombreux pays d'Europe (Suède, Norvège, Espagne, Lituanie, Hongrie, etc.).

dent la pensée et surtout les arguments qui légitiment la prostitution. C'est pour cela que celle-ci échappe grandement à l'analyse politique, pour rester dans le champ du fantasme. Les images glamour diffusées dans toute notre culture, par les films, les publicités et les livres, forment un emballage libertaire qui perpétue pourtant un système profondément conservateur, puissant garant de l'ordre établi.

La complaisance générale s'organise autour de quelques idées-clé : le fameux « plus vieux métier du monde » véhicule ainsi une idée de fatalité qui serait due à la « nature ». Message sous-jacent : les femmes ont la prostitution dans la peau. Relevons au passage la contre-vérité historique : elles ont été sages-femmes bien avant d'être prostituées, la prostitution exigeant l'existence d'une société urbaine et marchande, assez tardive dans l'histoire de l'humanité. Quant à l'argument de la nature, il est toujours avancé dès qu'il s'agit de justifier un système d'oppression : le même procédé a longtemps accompagné les justifications du racisme, du colonialisme ou de la polygamie. Où oserait-on encore, aujourd'hui, faire valoir l'argument usé de la « nature », sinon pour la prostitution ? Les enquêtes du sociologue suédois Sven Axel Mansson[15] ont montré que la prostitution est une pratique profondément culturelle et que le nombre de « clients » varie considérablement d'une société à l'autre.

Autre cliché, celui des « besoins irrépressibles » masculins qui nécessiteraient un exutoire : idée universelle, jamais mise en discussion[16]. On se souvient d'ailleurs que cette pulsion était encore avancée dans les années 1970 par ceux qui rcfusaient la criminalisation du viol. Les enquêtes[17] montrent qu'il s'agit d'un leurre, les clients prostitueurs disant leur recours à l'alcool, à l'ambiance, etc., pour pouvoir « y aller ». Au XXIe siècle, on brandit encore les hormones quand les sciences sociales ont montré que la sexualité, aussi bien que la différence des sexes, est construite socialement ; les pulsions sont d'abord dans la tête. Plus qu'un besoin naturel, l'usage de la prostitution repose sur une construction de la masculinité fondée sur l'idée que les femmes existent d'abord pour satisfaire la libido masculine.

Troisième justification, sécuritaire, partout colportée : la prostitution éviterait les viols et les agressions sexuelles. À voir les statistiques accablantes dans nos sociétés saturées d'offres prostitutionnelles, on peut s'étonner de ne jamais voir interrogée cette idée aberrante. C'est oublier qu'un individu violeur est stucturé comme tel. Comment un homme frustré se transformerait-il subitement en agresseur ? Les contre-exemples sont multiples. À Okinawa, base militaire américaine au Japon, où les bordels abondent, 169 soldats sont passés devant la Cour martiale pour viol, y compris sur des petites filles, entre 1988 et 1995[18]. De même, l'historienne Christelle Taraud[19] montre, dans ses travaux sur la prostitution coloniale, comment, en Algérie, les viols ont augmenté en même temps que la prostitution. La prostitution constitue en réalité une ouverture de droit sur le corps des prostituées et, par extension, sur le corps des femmes, des adolescent-es ou des enfants, produit qu'un homme peut légitimement s'approprier.

Ces clichés perdurent en même temps que sont forgés de nouveaux arguments de justification, en prise avec l'air du temps néolibéral : comme en d'autres domaines, rien ne doit limiter le droit à la consommation sexuelle ; le « service sexuel » est intégré à la civilisation du loisir...

Au total, une parfaite entreprise de légitimation du plus vieux système d'exploitation du monde. Ce sont ces justifications « modernistes » qui font mouche aujourd'hui, celles qui confortent le marché.

De façon directe ou indirecte, en raison de la multitude de liens tissés tels une toile d'araignée, nombreux sont ceux qui profitent de ce système.

En ce qui concerne la traite, les proxénètes agissent en réseaux mafieux, parfaitement structurés depuis le recrutement dans le pays d'origine en passant par le transit et la mise en condition par le viol. Ils sont les acteurs qui engrangent les profits engendrés par la prostitution. Selon Interpol, un proxénète peut récolter avec la prostitution d'une seule personne des revenus allant de 100 000 à 150 000 euros par an.

Les clients sont les « acheteurs » et représentent la demande. Longtemps occultés, ils ont bénéficié d'une indulgence légendaire. On a longtemps feint de croire qu'il s'agissait de laissés-pour-compte. Des enquêtes ont montré depuis qu'il s'agit la plupart du temps d'hommes de toutes les classes sociales, jeunes et moins jeunes, mariés ou non... La prostitution est organisée comme un « service » pour la sexualité et les fantasmes sexuels des hommes.

Les masses d'argent générées par la prostitution sont mises en circulation dans les réseaux bancaires, *via* les filiales bancaires et financières installées dans les paradis fiscaux, les trusts immobiliers, pour être blanchies. L'industrie touristique, celle du divertissement sont fortement irriguées par l'industrie du sexe ; les structures légales côtoient de fait le système prostitutionnel.

Qui sont les perdantes ? Les femmes. À titre individuel, 80 à 95 % de toutes les formes de prostitution sont contrôlées par un proxénète. L'entrée dans la prostitution est essentiellement liée à des raisons économiques (précarité sociale) et traumatiques (lourde histoire d'agressions sexuelles). Souvent aussi, elle est liée à une dépendance à la drogue, les proxénètes étant fréquemment aussi des dealers. Les femmes prostituées vivent dans un univers de grande violence.

À titre collectif, le système de la prostitution affecte les femmes dans leur ensemble. La prostitution constitue l'une des formes les plus brutales de la domination de l'homme sur la femme, car celle-ci y est atteinte dans sa dignité, son intimité physique et psychique. La prostitution contribue à maintenir toutes les femmes dans un statut inférieur. Une catégorie de femmes est utilisée comme instrument du plaisir masculin, comme objet sexuel. Cependant, de par l'existence de la prostitution, le système de domination masculine entretient dans l'univers psychique des hommes le fantasme selon lequel de nombreuses femmes (sinon toutes les femmes ?) pourraient consentir à ce rôle d'objet sexuel. L'instauration du délit de racolage passif, introduit par la loi Sarkozy, illustre de manière concrète cette possible généralisation : n'importe quelle femme debout sur le trottoir devient potentiellement une prostituée.

En outre, comme le montrent de nombreuses études, le développement de la prostitution n'a pas fait diminuer la fréquence des agressions sexistes et des viols, qui restent un problème de société majeur. Au contraire, l'existence même de la prostitution contribue à les légitimer dans l'esprit de certains hommes.

Légaliser la prostitution, c'est augmenter la traite internationale. Au cours des dernières années, le passage de plusieurs pays à un système réglementariste a institutionnalisé de fait un large marché du proxénétisme qui a besoin de l'existence d'une traite à l'échelle internationale : une majorité des prostituées exerçant dans ces nouveaux pays réglementaristes est d'origine étrangère et a été victime d'une traite.

Un véritable circuit s'est mis en place, qui va de la création du « produit » à sa consommation et à son renouvellement. Dans cette industrie, l'offre crée la demande, la marchandise suscite la clientèle. Si la prostitution est légale, l'offre augmente, il y a plus de consommateurs et cela affecte les rapports hommes-femmes dans l'ensemble de la société. Le recours à une prostituée devient un élément de la sexualité masculine normal, banal, déresponsabilisé.

Dans les pays qui l'ont instaurée, la légalisation n'a pas permis de sortir les prostituées des griffes du crime organisé, bien au contraire, elle a plutôt favorisé sa recrudescence. Seulement 4 % des prostituées se sont enregistrées aux Pays-Bas depuis 2000. En 2004, le maire d'Amsterdam a admis que la *Tipplezone*, c'est-à-dire la zone de la prostitution, était devenue un refuge pour les trafiquants et un danger pour les femmes[20]. Dans ce pays, le chiffre de la prostitution des enfants a augmenté de 300 % de 1996 à 2001, ainsi que la traite dont sont victimes en grande proportion des filles nigérianes.

Les membres du crime organisé portent désormais le costume des hommes d'affaires respectables, mais cela ne change rien aux rapports de pouvoir. La violence fait partie intrinsèquement de la prostitution.

Élaine Audet, dans l'essai qu'elle a consacré au livre de Yolande Geadah, *La Prostitution, un métier comme un autre ?*, expose les impacts sociaux de la légalisation de la prostitution telle qu'elle a été pratiquée par trois pays, l'Australie, l'Allemagne et les Pays-Bas.

« En Australie, les études révèlent que l'exploitation sexuelle s'est intensifiée et diversifiée pour répondre à la demande croissante des établissements de sexe, qui se sont multipliés à la faveur de la légalisation. En plus de légitimer tous les abus, elle a pour effet d'accroître la concurrence entre les femmes prostituées, d'où une pression à la baisse sur leurs conditions de travail plutôt qu'une amélioration de celles-ci. De nombreux trafiquants de drogue et autres criminels se sont convertis en hommes d'affaires respectables, approvisionnant l'industrie du sexe par le trafic sexuel. » Elle rapporte le chiffre d'affaires hebdomadaire des bordels australiens : *« près d'un million de dollars »*.

« Pour sa part, l'Allemagne est devenue rapidement une des principales plaques tournantes du trafic sexuel en Europe. En 1995, rapporte Yolande Geadah, le Parlement européen estimait que plus de 80 % des femmes présentes sur le marché du sexe en Allemagne étaient issues des pays de l'Est (Russie, Ukraine, Biélorussie) et qu'au moins 10 000 personnes étaient victimes de prostitution "forcée" dans ce pays. » Les Allemands ont pris des dispositions qui reviennent à créer des *« zones de tolérance »*, dans des quartiers qui *« occupent de 7 % à 10 % du territoire que toute*

ville de plus de 150 000 habitants doit obligatoirement réserver à la prostitution » : y sont établis les eros centers.

« *Quant aux Pays-Bas, le nombre de femmes victimes de trafic originaires d'Europe centrale et de l'Est a triplé durant les années quatre-vingt-dix. Le commerce du sexe attire de plus en plus d'investisseurs étrangers voulant profiter d'une législation favorable.* »

Les bénéfices prévus de la légalisation se font attendre, à l'exception de « *l'encaissement par l'État des impôts des "travailleuses du sexe"* ». Les coûts sociaux sont lourds, en premier lieu le « *recul enregistré sur le plan du développement humain* » : « *En juillet 1998, on a démantelé un réseau international de pédophilie et saisi 9 000 photos, illustrant des actes sexuels d'une rare cruauté commis sur des enfants dont certains paraissaient aussi jeunes que 12 à 15 mois. On se demande avec la chercheuse, qui voudrait prendre ce pays comme modèle de liberté ?* »

Le néolibéralisme a favorisé la forte croissance de la prostitution. Dans les pays qui ont libéralisé la prostitution, les proxénètes ont désormais pignon sur rue, ce sont de riches entrepreneurs qui vivent de l'exploitation des femmes. Ces dernières n'ont vu en rien leurs problèmes se résoudre.

Comme le note Yolande Geadah, quand les barrières de la loi tombent, les barrières sociales et éthiques font de même, et les femmes sont traitées comme des produits sexuels. La légalisation de la prostitution laisse aux futures générations d'hommes et de garçons le message suivant : les femmes sont des produits sexuels et la prostitution est une distraction acceptable.

4

Ni métier, ni « offre de service »

Le réglementarisme, le prohibitionnisme et l'abolitionnisme, pour lesquels un État peut opter, traduisent trois approches politiques différentes. Aujourd'hui, les termes du débat sont polarisés entre la position abolitionniste et la position réglementariste. Les choses se compliquent du fait que les réglementaristes accusent les abolitionnistes de masquer en fait leur position prohibitionniste en ce qu'ils seraient enclins à réprimer les prostituées. Très fréquemment, les opposants au courant réglementariste sont traités de puritains et de moralisateurs, ce qui contribue à déconsidérer la position abolitionniste, ou bien relève d'une méconnaissance de celle-ci. Le combat contre la prostitution n'est pas un combat contre les prostituées, mais bien contre la violence qui leur est infligée. Il n'y a là rien à voir avec un jugement moral, ni avec du puritanisme.

Il est courant de lire dans les médias que les féministes seraient divisées au sujet de la réglementation de la prostitution. La grande majorité des courants du mouvement collectif des femmes défend des positions abolitionnistes. Les positions réglementaristes en France ne sont défendues que par quelques intellectuel-les coupé-es du mouvement social, dont certain-es se réclament du féminisme, d'autres d'une posture « post-féministe ». Ces personnes, largement médiatisées, donnent beaucoup d'écho à la position réglementariste, et leur discours s'accompagne malheureusement bien souvent de désinformation sur l'abolitionnisme. Notamment, il n'est jamais dit que la position en faveur de l'abolitionnisme va toujours de pair avec une critique des insuffisances de sa mise en œuvre dans les pays dits abolitionnistes, en particulier avec une critique du manque de moyens en faveur des prostituées, et de la répression dont elles sont victimes.

La posture « post-féministe » défend l'idée que le féminisme est dépassé en tant que mouvement social, les femmes ayant obtenu l'essentiel de leurs revendications d'antan, l'égalité hommes-femmes ne posant plus de problème. S'inscrivant dans une démarche post-moderne qui occulte les rapports sociaux de domination pour ne mettre en avant que la libre détermination des individus choisissant leur identité, certains tenants de cette approche remettent en cause, au nom de la lutte contre l'ordre moral et le refus de la « victimisation » des femmes[21], l'encadrement par la loi des mœurs, y compris du harcèlement sexuel.

Se nourrissant de ces approches, une véritable offensive réglementariste a été lancée en direction des institutions internationales et européennes – menée par les Pays-Bas. Elle est appuyée par un puissant lobbying qui défend les profits liés à la mondialisation de la prostitution. Son objectif : que la prostitution soit légalisée dans le plus grand nombre de pays possible et reconnue comme une profession ordinaire. Dans son discours, le « travail du sexe » est une banalité.

Les arguments des réglementaristes tournent surtout autour de trois axes :

– la prostitution serait un travail comme un autre ;

– il faudrait défendre le « libre choix de se prostituer » ;

– et enfin la prostitution, comme la pornographie, est le nouveau symbole de la libération sexuelle.

La prostitution peut-elle être un « travail » comme un autre ? La prostitution engendre un fantasme, celui d'une personne sexuellement disponible. L'acte de prostitution serait un « service sexuel » échangé contre de l'argent sur la base d'un « contrat ». C'est l'argument libéral classique. Dans cette vision, la prostitution devient un travail comme un autre !

Au nom d'un certain pragmatisme – la prostitution existe – la reconnaître comme profession serait indispensable pour permettre aux prostituées de disposer de droits, tels la protection sociale, des soins médicaux, un logement, etc.

L'argument de l'accès aux droits ne tient pas : c'est en tant que personnes qu'elles doivent accéder à ces droits, et non au titre de leur activité. La seule réponse légitime consiste à affirmer et à lutter pour des droits fondamentaux auxquels chaque personne doit avoir accès indépendamment de son activité.

Aujourd'hui, en France, la sécurité sociale distingue deux situations : le travail salarié et l'activité indépendante lorsqu'il n'y a pas de lien avec un employeur. Les prostituées, qui déclarent la plupart du temps une activité professionnelle (esthéticienne, masseuse, artiste, etc.) pour bénéficier d'une couverture sociale, entrent dans cette seconde catégorie. La protection sociale, moins chère, est certes moins complète que celle du salarié. L'objectif d'amélioration de la sécurité sociale des indépendants est seul conforme à l'exigence de progrès pour tous. Il n'y a nul besoin de légaliser la prostitution pour obtenir une amélioration de la couverture sociale.

Par ailleurs, les réglementaristes mettent en avant l'accès à des examens médicaux, ou à une meilleure protection sanitaire, notamment en matière de Sida et de maladies sexuellement transmissibles, pour les prostituées. S'il est vrai que dans les eros centers allemands ou hollandais il existe, pour les femmes qui s'y prostituent, des contrôles médicaux réguliers et obligatoires dans le cadre de la médecine du travail, cela ne s'est pas traduit pour ces femmes par une meilleure protection sanitaire. Si « légalement », les rapports sont protégés et l'utilisation par le client du préservatif obligatoire, de nombreux témoignages montrent que les clients réfractaires à l'utilisation du préservatif n'hésitent pas à payer plus cher un rapport non protégé. Lorsque, dans le cadre de la médecine du travail, l'examen de contrôle sérologique révèle que la femme prostituée est devenue séropositive, elle est immédiatement licenciée ! Elle est alors poussée à la clandestinité. Ceci explique en partie pourquoi, dans les pays réglementaristes, la prostitution clandestine n'a absolument pas régressé ! Cette manière de mettre en œuvre le contrôle sanitaire des seules prostituées, mais pas celui des clients révèle la vraie nature de la prostitution : une marchandisation. En effet, on assure aux clients que la « marchandise » est saine, et on ne prend aucune mesure pour assurer aux prostituées qu'elles ne seront pas contaminées.

Les réglementaristes insistent sur le fait que la légalisation de la prostitution crée une amélioration du sort des personnes prostituées. La situation dans les pays qui ont choisi cette voie témoigne du contraire. La légalisation a aggravé la condition des prostituées ; elle n'a pas permis d'éliminer la violence à l'égard des personnes prostituées, elle l'a plutôt banalisée, voire normalisée : celle-ci est de plus en plus perçue comme une condition d'exercice du « métier ». La demande augmentant, l'offre s'intensifie. La mise en concurrence tire les « conditions de travail » vers le bas au lieu de les améliorer. En Australie, les autorités policières ont estimé que la violence à l'égard des femmes travaillant dans l'industrie du sexe a augmenté au lieu de diminuer. Aux Pays-Bas, le conseil municipal d'Amsterdam a décidé de fermer les zones où la prostitution de rue était permise, reconnaissant qu'il était impossible de créer une zone sûre et contrôlable où les femmes ne seraient pas victimes d'abus. Un rapport présenté au parlement en 2003 constatait plus généralement que la législation hollandaise n'a pas réussi à éliminer la clandestinité, ni la stigmatisation sociale, ni la violence qui prédominent toujours dans l'industrie du sexe. Ce rapport note que les trois quarts des prostituées néerlandaises souhaitent suivre un programme leur permettant de quitter la prostitution.

Autre argument rencontré : « La prostitution a toujours existé et existera toujours. Faute de pouvoir l'interdire, il vaudrait mieux la contrôler en la légalisant et tenter d'installer de meilleures conditions. » À l'opposé de ce renoncement fataliste, nous pensons que les comportements masculins et féminins sont la conséquence d'une construction sociale et sont, comme tels, modifiables. Nous appelons à réfléchir à une autre construction de la masculinité et des rapports sociaux de sexe qui ne reposeraient ni sur la violence ni sur la domination. Par ailleurs, l'argument « pragmatiste » selon lequel « telle chose existe, autant que cela se fasse dans les meilleures conditions, donc autant légaliser » n'est pas recevable. Il trahit une démission. Il vaudrait aussi bien dans le cas de l'excision des petites filles, par exemple. Celle-ci est interdite en France et pourtant elle y est pratiquée, dans la clandestinité, dans des conditions sanitaires déplorables. Devrait-on en conclure, au nom du pragmatisme, qu'il faut la légaliser et permettre qu'elle soit réalisée « proprement » dans les hôpitaux français ?

Dans le mouvement social, il arrive que des militants, des progressistes, avancent l'argument qu'il n'est pas pire, ou pas différent, d'être exploitée dans le cadre de la prostitution que d'être exploitée à l'usine. Cet argument masque l'essentiel : la prostituée ne vend pas sa force de travail, elle vend l'accès à son corps, à son sexe. Dans la prostitution, l'aliénation de l'être et de la sexualité double l'oppression économique. Cette aliénation est totale.

Enfin, si la prostitution était « un métier comme un autre », elle supposerait une formation dans des écoles, selon des cursus organisés, une qualification, un diplôme homologué, une grille des salaires, des conventions collectives, des syndicats, une progression de carrière, la possibilité de faire grève, un recrutement par les annonces publiées à l'ANPE, etc. Il faut dérouler la logique jusqu'au bout. Supprimera-t-on l'indemnité de chômage aux personnes qui refuseront d'accepter un « emploi » de prostitué-e ? Cette orientation sera-t-elle proposée dans les collèges ? Quel parent, même ayant une opinion réglementariste, envisagerait que sa fille se lance dans cette « profession[22] » ?

Non, la prostitution n'est pas un « métier » et la décriminaliser ne met fin ni à la « stigmatisation », ni à la violence contre les personnes prostituées, ni n'améliore leur protection sanitaire. En outre, comment concevoir de lutter contre la prostitution des mineurs en instaurant celle des adultes comme un métier reconnu et une activité économique légale ?

Se prostituer ? Est-ce bien un choix ? Dans ce débat, non seulement tous les mots sont piégés, mais aussi les concepts : « droit », « libre choix » ou encore « travailleuse du sexe ». On l'a dit, la question de la prostitution ne peut pas être dissociée de la question de la survie économique. Mais il faut aussi prendre en compte une autre dimension essentielle : à côté des raisons économiques, le parcours des personnes qui se prostituent trouve aussi son ancrage dans des raisons traumatiques. Un nombre important de ces personnes a vécu une enfance ou une adolescence traumatisante dans un environnement social et familial déstructurant, et elles ont la plupart du temps subi des agressions sexuelles. Point commun entre les prostituées et les actrices du porno : presque toutes ont été sexuellement abusées dans l'enfance. Les associations dénoncent le fait que les victimes d'inceste ou de viol, les droguées ne sont pas prises en charge par la société pour bénéficier d'un traitement ou d'un processus d'aide. Elles sont alors directement manipulées par des souteneurs ou des producteurs.

Une énorme majorité des personnes prostituées (entre 92 et 95 % d'entre elles) aspire à quitter la prostitution, qu'elles qualifient de « transition ».

Parler de « libre choix » de se prostituer est un étrange détournement des revendications portées par le mouvement féministe ! Quand les féministes des années 1970 ont réclamé pour les femmes le droit à disposer de leur corps, le libre choix d'être mère ou non, l'accès à la contraception, c'était pour échapper à la mainmise des hommes (et de l'ordre moral) sur la procréation et sur leur corps. Elles exigeaient et construisaient une sexualité plus égalitaire. L'acte de prostitution, au contraire, est l'acceptation d'une mainmise totale du client sur le sexe d'une femme et, même temporaire, il symbolise l'hégémonie masculine.

Comment peut-on parler de choix quand l'âge moyen d'entrée dans la prostitution se situe entre 13 et 15 ans pour plus de 80 % des personnes prostituées ? Quand les femmes des classes défavorisées, ou issues des minorités ethniques sont sur-représentées ? Quand il est établi que la grande majorité des prostituées quitterait la prostitution si elles le pouvaient ? Quand celles qui en sont sorties se qualifient de survivantes, et témoignent des violences continuelles, du mépris, de la peur dans laquelle elles vivaient ?

Certaines personnes prostituées se disent indépendantes. Elles représentent une faible minorité, moins de 10 %. Les médias se font volontiers l'écho de ces femmes qui revendiquent leur « liberté de se prostituer ». Pour illustrer le degré de liberté dont elles jouissent, il est utile de se rappeler Ulla, l'ancienne porte-parole des prostituées de Lyon lors du mouvement de 1975, qui se targuait d'être indépendante : elle a avoué bien plus tard avoir, comme beaucoup, été manipulée. « *Comment avez vous pu me croire* ? » reprocha-t-elle aux féministes.

Défendre la liberté de ces femmes qui se disent indépendantes, c'est en réalité :

– privilégier les intérêts d'une faible minorité de femmes prostituées qui disent assumer pleinement leur situation pour occulter l'exploitation (voire parfois l'esclavage) et les problèmes (alcool, drogue) de l'immense majorité de leurs consœurs ;

– c'est entretenir les prostituées indépendantes dans le déni de leur aliénation, et les inciter à rester dans des conditions de vie destructrices pour leur santé physique et psychique ;

– c'est déresponsabiliser les clients, qui ne s'interrogent pas et qui ne veulent pas « savoir » qu'une majorité de femmes prostituées sont victimes de la traite ;

– c'est en fait défendre d'abord la liberté des hommes d'avoir accès au sexe des femmes et défendre la liberté des proxénètes de l'exploiter. C'est donner la permission morale de pratiquer des rapports sexuels où la femme est soumise, livrée à leur violence potentielle dans une insécurité totale, et dont le désir propre est annihilé. C'est entretenir culturellement la domination sexuelle masculine sur toutes les femmes.

Il faut revenir encore sur la distinction créée entre prostitution « forcée » et « volontaire » et s'interroger sur la notion de « consentement », enjeu de l'opposition entre abolitionnistes et réglementaristes. Ces derniers prônent la professionnalisation de la prostitution au motif que son exercice correspondrait à un consentement librement assumé. Il s'agirait donc de la légaliser comme un simple métier, celui du sexe.

Faut-il voir dans la prostitution l'affirmation d'une liberté nouvelle ? Le consentement est-il une notion pertinente dans ce débat ?

Prenons un exemple : qu'en est-il du consentement en matière de vente d'organes ? Elle est illégale. Faudrait-il l'admettre ou la légaliser sur la base d'un critère comme le libre choix du vendeur ? Peut-on accepter qu'une personne décide de vendre son rein à titre de moyen de subsistance ? Au nom de la protection de l'intégrité de l'être humain, c'est évidemment exclu.

« Le critère de référence pour juger ce qui est acceptable ou non est le mal fait à la personne, pas son consentement », écrit Élaine Audet. Et il doit le rester.

La question du consentement ou de son absence n'est donc pas pertinente, ni admissible dans ce débat. L'acte de prostitution entre deux personnes adultes consentantes, dans un cadre privé, existera –peut-être – toujours, mais il ne peut pas être question d'organiser la prostitution comme une institution de la société et de la légaliser. La prostitution n'est pas une question individuelle, mais sociale.

On peut prendre un autre exemple pour illustrer ce point, celui de l'esclavage. La question du consentement des esclaves à leur sort n'a pas de sens : c'est l'existence même de l'esclavage qui pose problème. De même, c'est l'existence même de l'institution de la prostitution qui pose problème. Il s'agit d'une atteinte à la dignité humaine.

Ainsi, dans son ouvrage *Du consentement*, Geneviève Fraisse analyse sur le plan philosophique le concept de consentement. Elle nous invite à faire un détour par l'histoire. Le consentement peut être libre ou forcé : « *libre de se marier, de divorcer, de choisir sa sexualité, de se vendre... ou forcée de se marier, de se prostituer* ». L'histoire du consentement est faite de contradictions. Si le consentement mutuel dans le mariage a marqué une avancée sur les mariages arrangés, il n'en demeure pas moins que « *le consentement de l'homme et de la femme n'ont historiquement jamais la même valeur… Le mariage est la figure de la domination des hommes et de la subordination des femmes* ». En effet, aussi longtemps que les femmes n'ont pas eu accès à l'autonomie financière par le travail salarié, le mariage a représenté pour elles le seul accès à un statut économique et social. On comprend mieux alors pourquoi, tout au long du XIXe siècle et d'une bonne partie du XXe, certains ont comparé la prostitution au mariage : « *activité mercantile pour survivre d'une part, et contrat mercantile pour exister socialement d'autre part* ».

En réalité, « *c'est le divorce qui a créé le consentement mutuel tel qu'on le comprend aujourd'hui* ». Quand le droit à défaire le lien du mariage fut enfin accordé, c'est une lutte pour le consentement mutuel longue de deux siècles qui se terminait. Pourtant, dès 1792, lorsque ce nouveau droit civil avait été proclamé pour la première fois, la notion de consentement mutuel était déjà présente. Mais le code civil de 1804 avait ouvert la voie à son abrogation, ce qui fut chose faite dès

1846. Réintroduit avec timidité en 1884, il fallut attendre près d'un siècle avant son rétablissement définitif, en 1975.

C'est en fait l'entrée des femmes dans le salariat qui a définitivement bouleversé la donne : l'autonomie ainsi acquise « *permet de penser la vie sexuelle au regard de l'égalité des sexes et de la liberté des femmes* ». Cette mutation est l'une des origines de l'individualisme contemporain.

Paradoxalement, c'est dans le nouveau cadre historique du salariat féminin que le « libre choix » de la prostitution a pu être revendiqué par certaines comme une liberté individuelle. « *On aime aujourd'hui faire comme si le geste d'une personne, choix, consentement, était un absolu social, comme si notre espace collectif était une somme de comportements singuliers, de totalités intouchables.* » On pratique ainsi une subtile déconnection entre la revendication de la liberté individuelle et celle de l'égalité. L'oppression des femmes et la domination masculine deviennent alors « *impensables* ».

Aujourd'hui, nombreux sont les courants de pensée qui se réclament politiquement du consentement : « *La domination masculine n'est pas niée, elle est canalisée par le contrat devenu lieu d'autonomie et par le consentement individuel d'une part, et elle est dénoncée dans sa violence physique ou institutionnelle, d'autre part.* » Ainsi Judith Butler, éminente critique politique des normes sexuelles et de leurs effets psychiques, est l'une des figures de ce courant « postmoderne » : le « libre choix de la prostitution » serait une forme de résistance et d'émancipation, en rupture avec le modèle dominant, conjugal et reproductif. Cela ne l'empêche pas de reconnaître l'existence d'un système de domination masculine et la réalité masculine de la violence. Mais pour les post-modernes, nos sociétés ne peuvent plus être changées – c'est « la fin de l'histoire ». Alors, concernant la prostitution, l'horizon « réaliste » consiste à demander le contrôle des conditions de travail des prostituées par leur salarisation et leur syndicalisation. On est loin de la critique subversive des normes et de l'ordre moral. L'utopie est absente, la question politique est évacuée : aucun projet de société n'est proposé pour sortir de la domination masculine.

Les notions de liberté, de consentement, de choix sont perverties. La première des libertés n'est-elle pas de pouvoir (sur)vivre sans vendre son corps ? Le droit à défendre, et à mettre en œuvre, c'est celui de vivre sans être obligé de se prostituer, c'est un droit supérieur à un pseudo « droit à se prostituer ». La Convention de 1949, dans son préambule affirme : « La prostitution est incompatible avec la dignité et la valeur de la personne humaine ». La conquête des droits doit servir à promouvoir la dignité humaine, et non pas à la nier.

Ne nous trompons pas, comme le dit Claudine Legardinier. « *La prostitution "libre" relève non pas des libertés, mais du libéralisme.* ». Le libéralisme économique, s'appuyant sur le libéralisme philosophique, tente de se faire passer pour le garant des « libertés ».

5

Une violence à l'encontre des femmes

Depuis quelques années, l'envahissement de la pornographie est accompagné – et rendu possible – par un discours qui la présente comme un symbole de la libération sexuelle et parfois comme une contestation de l'ordre social établi ! Ce nouveau discours bénéficie même d'une pseudo légitimité du fait que certaines femmes, voire des féministes, s'y sont ralliées. Au premier rang médiatique, Marcela Iacub : « *Le porno en tant que libération sexuelle [serait] apte à dé-victimiser les femmes.* » Ceux et celles qui osent émettre des réserves ou des critiques sont forcément des puritains-aines, des femmes coincées, des conservateurs ou des religieux.

La banalisation du porno entraîne une évolution néfaste de la représentation de la sexualité qui se fait au détriment systématique des femmes. Le porno véhicule et légitime une vision du sexe qui se limite à l'exhibition de femmes livrées aux fantasmes masculins. Plus précisément, à des fantasmes soigneusement construits par la société patriarcale et marchandisés par la société capitaliste. Si libération il y a – ce qui serait à prouver –, ce n'est certainement pas celle des femmes. La sexualité est mise au service d'une logique de consommation de plus en plus extrême et violente. Dans ce nouvel imaginaire, il n'y a aucune limite dans les formes toujours plus dégradantes[23] mises en scène. Il n'y a plus de place pour le plaisir né de rapports sexuels fondés sur la réciprocité et le partage de personnes en situation d'égalité. Les dégâts chez les jeunes garçons et filles de ces représentations sont dénoncés par de nombreux psychologues et sociologues.

Aujourd'hui, le libéralisme promeut une éthique de la liberté individuelle qui masque tous les mécanismes de contrainte marchands et oppressifs. Toute chose peut faire l'objet d'un simple contrat, notamment entre une personne qui vend un « service sexuel » et un consommateur qui l'achète. Le recours des clients à la prostitution, la construction sociale de la sexualité et du rapport à la sexualité (modelée aujourd'hui par les images produites par les médias, l'industrie pornographique et la publicité) débouchent sur une vision du sexe comme produit de consommation, au même titre qu'un achat dit d'impulsion. Les mouvements pour la reconnaissance légale de la prostitution qui s'inscrivent dans le courant postmoderne ont une approche totalement libérale dans ce débat : la prostitution apparaît comme un choix individuel légitime, voire une forme de résistance et d'émancipation, du fait qu'il est en rupture avec le modèle dominant, conjugal et reproductif, et permet en plus d'acquérir l'autonomie financière. Comme si le fait de rompre avec le modèle dominant suffisait pour définir une démarche progressiste.

La traite portée au-devant de l'actualité a eu pour effet de rendre invisible le système de la prostitution dans sa globalité en tant que violence à l'encontre des femmes. La définition de la violence donnée par le professeur Pierre Benghosi[24] apparaît comme la plus pertinente pour décrire le système sur lequel se fonde la prostitution. Pour lui, la violence constitue une attaque de l'intégrité, de l'identité, de l'humanité de l'autre, à différencier de l'agressivité même extrême.

La traite en tant que forme d'esclavage, les viols, les coups, les actes sadiques ou de barbarie commis par les proxénètes et par les clients constituent la seule violence largement reconnue et entendue : ce sont autant de manifestations de ce qu'on qualifie de « violence chaude ». L'accès au corps des femmes, l'acte sexuel marchand constituent une autre forme de violence. Elle est moins nommable et moins reconnue par le corps social. Elle n'en est pas moins destructrice, sidérante et meurtrière, car elle nie l'autre et l'intégrité de sa personne et, de manière globale, elle constitue une destruction de l'humain.

Comme le soulignent des femmes survivantes de la prostitution : « *Dans la prostitution, il ne s'agit jamais de sexe pour les femmes. Il s'agit de tout autre chose, d'argent pour pouvoir acheter la drogue, de violences sexuelles vécues dans l'enfance, mais jamais de sexe*[25]. »

L'unilatéralité de la sexualité marchande, l'acceptation générale du désir non partagé représente bien le rapport inégalitaire dans la prostitution. Le slogan « Pour le droit au plaisir » a fait l'impasse sur la première exigence d'une sexualité égalitaire qui est « le droit au désir bilatéral ». Si aujourd'hui l'existence d'une sexualité féminine est acceptée, il n'en reste pas moins que la prostitution est le déni du droit à la sexualité pour les femmes[26]. À ce titre, elle a une portée symbolique pour toutes les femmes et pas seulement pour les femmes en situation de prostitution.

Vendre son corps n'a rien à voir avec vendre sa force de travail, même dans les conditions les plus précaires ou physiquement les plus dures. La situation prostitutionnelle a des conséquences physiques et psychiques bien plus profondes et qui n'ont jamais été rencontrées dans aucune autre activité.

Comme le montre la docteure Judith Trinquart, dans sa thèse de doctorat d'État de médecine générale, soutenue en février 2002, la situation prostitutionnelle engendre un syndrome clinique qui associe des troubles psychiques et physiques.

« *Les troubles psychiques sont de type dissociatif, c'est-à-dire qu'existe un* véritable clivage *entre la personnalité prostituée et la personnalité "privée" de la personne prostituée. Ce clivage est un mécanisme de défense psychique contre les agressions et violences vécues dans la situation prostitutionnelle ;* la première de ces violences est de subir des rapports sexuels non désirés de manière répétitive. »

« *Les notions fondamentales en matière de sexualité sont celles de désir, de plaisir et de par-*

tage, conséquent de la bilatéralité de la relation. Dans la situation prostitutionnelle, ces notions se trouvent complètement perverties, et la notion de bilatéralité de l'échange disparaît totalement. La situation prostitutionnelle n'est donc pas un échange ou une relation à caractère humain, pas plus qu'une forme de sexualité. »

« Le fait de subir ces rapports sexuels de manière répétitive et non désirée entraîne une dissociation psychique afin de pouvoir départager les deux univers de la personne, et surtout protéger le domaine privé des atteintes vécues dans le domaine prostitutionnel en se coupant de ce qui est éprouvé dans ce dernier. Celui-ci est totalement factice : c'est une situation simulant une relation humaine, mais où tout est artificiel ; les sentiments et les émotions n'existent pas, ils sont refoulés car considérés comme des obstacles par l'acheteur de services sexuels. L'absence de tout affect humain (autre que négatif, tel que mépris de la personnalité, déni de ses désirs, ignorance de son identité humaine, assimilation à un objet sexuel totalement soumis, en résumé tout ce qui fait le caractère humain unique d'une personne est nié et doit disparaître au bénéfice du rapport strictement commercial) est extrêmement

destructeur pour toute personne vivant cette situation. »

La dissociation psychique rencontrée chez les femmes prostituées fait partie d'un ensemble de troubles psychiques analogues à ceux qui ont été regroupés par les cliniciens sous le nom de « syndrome de stress post-traumatique » (SSPT). Une étude américaine récente effectuée auprès de personnes prostituées dans cinq pays (États-Unis, Zambie, Turquie, Afrique du Sud et Thaïlande) montre chez 67 % de ces personnes prostituées des troubles analogues à ceux qui ont été diagnostiqués notamment chez les vétérans de la guerre du Vietnam.

« La dissociation existant sur le plan psychique va se manifester aussi sur le plan physique, car on ne peut dissocier de manière contrôlée le ressenti physique de ce qui se passe dans la tête de la personne ; ces troubles perturbent le fonctionnement de la sensibilité corporelle des personnes prostituées, et sont aussi un mécanisme de défense : ne plus ressentir physiquement ce qui n'est pas désiré. »

Ces manifestations physiques se traduisent par des troubles de la sensibilité nociceptive, c'est-à-dire de la sensibilité à la douleur et aux sensations tactiles (du toucher), dus à la dissociation « tête-corps », non-organiques. Plus la situation prostitutionnelle se prolonge dans le temps, plus l'hypoesthésie[27] se transforme en anesthésie. En conséquence, chez ces femmes :

– le seuil de tolérance à la douleur est supérieur à la moyenne, il est très élevé. Exemple : les douleurs abdominales aiguës qui constituent les signaux d'alarme habituels de nombreuses urgences chirurgicales n'existent pratiquement plus, ce qui retarde dangereusement le moment de l'intervention.

– la sexualité est tronquée, dysfonctionnelle ou absente. Les subterfuges utilisés pour se protéger des sensations physiques liées à la relation sexuelle dans la situation prostitutionnelle « contaminent » la vie privée et détruisent la qualité des relations sexuelles privées que ces personnes peuvent avoir.

Les travaux ci-dessus arrivent à la conclusion que la prostitution ne peut pas être considérée comme une profession.

Aujourd'hui, certaines anciennes prostituées qui interviennent en tant qu'animatrices dans le cadre d'actions de santé dites communautaires, reproduisent avec les personnes prostituées qu'elles accueillent des rapports identiques à ceux qui existaient dans les maisons closes. C'est pourquoi, on peut parler de phénomène de maquerellage, qui survient comme une violence supplémentaire. En effet, leur comportement et leur discours induisent des effets pervers sur la prise en charge sanitaire et sociale des personnes prostituées qu'elles reçoivent, les maintenant ainsi dans la situation délétère où elles se trouvent.

Sans s'en rendre compte, elles se comportent comme les tenancières de maisons closes autrefois, les « mères maquerelles », elles-mêmes anciennes prostituées, exerçant encore à l'occasion, qui maintenaient leurs pensionnaires dans l'état de servitude dont elles-mêmes avaient souffert, ce qui leur permettaient d'en vivre et d'y échapper en partie ou complètement.

Ces intervenantes vivent de même d'une autre source de revenus, totale ou partielle, que celle de la prostitution. Elles peuvent donc se permettre de s'extraire en partie ou définitivement de ce milieu, mais elles tiennent un discours qui justifie et cautionne la prostitution des autres.

Elles affichent une sorte de « pseudo-résilience » qui fait l'admiration de beaucoup de personnes étrangères au milieu de la prostitution.

Pour ces intervenantes, la « pseudo-résilience » est une fausse résilience, un comportement d'adaptation superficiel qui ne permet pas à l'individu de surmonter la situation traumatogène mais l'y maintient. Ces personnes pensent avoir évacué le traumatisme de façon victorieuse en surmontant la situation alors qu'elles s'y exposent encore en permanence.

De façon plus surprenante, cette admiration est aussi celle de certains autres acteurs de terrain, professionnels, victimes du « syndrome de l'intervenant », une situation d'usure et de désinvestissement (phénomène de « *burn-out* ») engendrant une perte de la distanciation et du comportement professionnel avec un phénomène « d'identification à l'agresseur ». Autrement dit, l'intervenant s'identifie à la personne auprès de laquelle il intervient, afin de ne plus avoir à s'user dans une résistance à ses revendications et doléances parfois injustifiées ou déplacées. Au total, cette admiration contribue à maintenir la majorité des personnes prostituées dans une situation qu'elles n'ont pas choisie ou choisie par « choix de contrainte ».

Dans la situation de phénomène de maquerellage, les intervenantes n'ont suivi aucune thérapie ou aucun cursus universitaire leur permettant de prendre de la distance par rapport à ce qu'elles ont vécu. Elles sont encore « plongées » dans l'actualité du milieu et réagissent en personnes prostituées et non comme intervenant extérieur au monde de la prostitution. Leur logique est encore formatée par les règles du milieu prostitutionnel, dans lequel la survie est conditionnée par l'argent et le nombre de clients.

Toute personne prostituée qui leur apporte publiquement la contradiction se voit traitée de menteuse, de « mauvaise professionnelle », voire verbalement brutalisée et sa parole est rejetée comme non représentative de la situation prostitutionnelle. Pour ces intervenantes, la remise en question de leur statut privilégié les conduit irrémédiablement à faire resurgir la loi du silence, en vigueur dans les milieux « maquereaux ». À l'opposé, la personne qui lève le tabou est considérée comme celle « par qui le scandale arrive » et se retrouve au ban.

Finalement, le phénomène de maquerellage s'avère être un obstacle supplémentaire à une prise en charge correcte de la situation prostitutionnelle, tant pour ces animatrices que pour les femmes prostituées dont elles s'occupent.

Il est très difficile de sortir de la prostitution, qui broie ou endommage profondément les êtres humains.

6

Un autre monde sans prostitution

Le développement de la prostitution et de la traite est intrinsèquement lié à la mondialisation. Aurora Javate de Dios, directrice de la Commission de la Femme pour le gouvernement philippin, l'a affirmé à Madrid II, à l'Unesco, en juin 2001 : « *On ne pourra promouvoir les droits des femmes dans le monde si ces deux questions ne sont pas affirmées avec force et conjointement par les gouvernements. Tant que nos sociétés n'impulseront pas des mesures énergiques pour l'égalité des femmes, pour leur renforcement économique et politique, il y aura de plus en plus de femmes qui se retrouveront dans la prostitution et l'industrie du sexe. Le combat contre la prostitution et la traite n'est rien d'autre que le combat pour la vision future que nous souhaitons pour nos sociétés. Est-ce un futur où l'on peut vendre et acheter les femmes et les hommes, quel que soit leur âge, et où l'être humain devient objet commercial ? Non, la prostitution n'est pas glamour, elle ne peut être acceptée comme une profession acceptable pour les femmes.*

« La prostitution est l'indicateur par excellence de l'inégalité entre les femmes et les hommes. Le combat contre la traite et la prostitution est le combat qu'il faut mener d'urgence pour les générations futures et pour que cesse la discrimination de genre qui engendre la prostitution. »

L'objectif est d'abolir le système de la prostitution et de créer les conditions pour un monde sans prostitution, de s'attaquer à la prostitution ET de défendre les prostituées. Le droit des personnes à ne pas se prostituer, ni à être prostituables est au cœur de cet objectif.

Lutter contre l'oppression et les atteintes aux droits humains

La prostitution et la traite sont incompatibles avec la dignité et la valeur humaine (Convention de 1949).

Le cadre indispensable de lutte est celui de la lutte contre le néolibéralisme : contre le chômage, la précarisation des emplois, la pauvreté en particulier celle des femmes, la réduction des dépenses dans les services sociaux, les traités de libre-échange, la dette des pays du Sud, et en faveur des nouveaux droits sociaux, dont le droit à un revenu décent.

Il faut donc :

Affirmer le caractère inaliénable du corps humain, refuser sa marchandisation.

Réaffirmer – et obtenir – que toute personne a des droits fondamentaux indépendamment de son statut dans la société (droit à un revenu décent, accès aux soins, droit effectif au logement, à la protection sociale, à la CMU, au minimum vieillesse, au RMI, droit à l'emploi, etc.)

Faire appliquer la convention de 1949 en y ajoutant des moyens de contrôle et de contrainte et le protocole additionnel contre la criminalité transnationale organisée de 2000 visant à prévenir, réprimer et lutter contre la traite des personnes, en particulier des femmes et des enfants (ce protocole recommande de ne pas séparer la traite de la prostitution, et dénonce les « abus de situation vulnérable »).

Œuvrer à la promotion de ces conventions auprès des États non signataires.

Mettre en œuvre une politique de lutte contre les violences envers les femmes (la violence masculine va des violences domestiques au viol, inceste et autres formes de violences réputées plus légères).

Combattre le crime organisé et les acteurs du proxénétisme

Criminaliser les auteurs de la traite et les acteurs du proxénétisme au niveau international et mettre les moyens pour faire appliquer les lois, notamment en augmentant les ressources humaines de l'Office central de répression de la traite des êtres humains.

Lutter contre le blanchiment d'argent, instaurer une coopération internationale en y associant les moyens humains et financiers.

Abolir les paradis fiscaux.

Supprimer le secret bancaire qui protège l'argent des réseaux de proxénètes.

Instaurer la liberté de circulation et d'installation pour éviter la traite et le trafic des femmes. La politique de fermeture des frontières fait le bonheur des passeurs et des filières de traite et de prostitution. Au départ, dans le pays d'origine, ils prennent en charge les candidates à l'émigration, promettent de faciliter leur installation et de leur trouver un emploi, avant de leur confisquer, à l'arrivée, leurs papiers et de les exploiter.

Prendre en charge les victimes de la prostitution

Développer des structures d'accueil et de soins visant la restauration de la parole de la personne prostituée, sa dé-victimisation, la restauration de son intégrité corporelle par des soins physiques et psychologiques appropriés.

Développer des services appropriés pour les prostituées qui souhaitent s'insérer : droit à l'inscription à l'ANPE pour les personnes qui désirent arrêter la prostitution.

Formation (droit aux formations de longue durée rémunérées, qualifiantes et diplômantes), aide au logement, etc. Pour cela, il faut une réelle volonté politique et un investissement financier dans les structures et la formation de personnel spécialisé.

La protection et l'assistance offertes aux prostituées ne doivent pas être soumises à une condition de dénonciation des proxénètes qui les exploitent : développement de structures de réadaptation sociale comme celles existant pour les personnes victimes de tortures politiques.

Supprimer toutes les lois tendant à pénaliser, voire à criminaliser les prostituées (loi Sarkozy pour la sécurité intérieure, notamment les articles 18 sur le racolage et 76 sur la dénonciation des proxénètes par les étrangères contre des papiers, contraire à la convention de 1949). Elles sont les victimes et non les coupables.

Mener une politique de prévention et d'information

Intégrer, entre autres à l'école, l'éducation à la sexualité présentée comme un partage entre personnes en situation d'égalité. Affirmer le nécessaire respect de l'autre personne et de son désir, et l'épanouissement qui repose sur le plaisir du partage.

Affirmer (notamment auprès des jeunes mais pas uniquement) le caractère de violence de la prostitution.

Lutter contre les stéréotypes qui légitiment la violence sexuelle, la discrimination sexiste.

Lutter contre la pornographie qui réduit les femmes à des objets sexuels.

Pénaliser les clients ? Un débat nécessaire

Il est indispensable de rendre visibles le rôle et la responsabilité de tous les protagonistes de cette exploitation. Les clients sont objectivement complices des proxénètes et des trafiquants. La municipalité de Madrid a lancé, en 2005, une campagne d'affichage en direction des hommes où il est dit : *« Parce que tu payes, la prostitution existe, tu participes à l'exploitation et à la traite des êtres humains. »* Il faut rendre visibles le rôle et la responsabilité des clients.

Les conventions internationales mentionnent la nécessité de combattre la demande : « *La demande joue un rôle critique dans le développement et l'expansion de l'industrie mondiale du sexe* » (Groupe de travail sur les formes contemporaines de l'esclavage, ONU). La législation a des effets normatifs très importants. En Suède, depuis 1999, la prostitution de rue a baissé de 50 %. Le nombre d'acheteurs a baissé de 80 %. La pénalisation est demandée depuis 1998 par le Lobby européen des femmes (LEF), et par d'autres associations.

Il n'est pas question de se focaliser sur cette mesure, qui n'est envisageable qu'intégrée dans une politique globale et cohérente d'information, d'éducation et de prévention. Mais elle doit faire partie du débat.

La pénalisation des clients/prostitueurs constitue un élément-clé de l'urgente politique à mettre en œuvre (l'éducation y tient la part du lion) pour mettre fin au plus vieux système d'exploitation du monde ; un système réactionnaire qui, sur l'ensemble de la planète, enferme en priorité les personnes les plus vulnérables au plan social, économique, psychologique et ethnique.

Pour conclure

Le système de prostitution doit être refusé à double titre :

– c'est une des expressions les plus violentes de la domination masculine ;

– c'est le pire aboutissement du néolibéralisme, celui de l'organisation de la marchandisation de l'être humain.

L'autre monde que nous voulons n'est possible que sans prostitution !

Vouloir la disparition de la prostitution, ce n'est pas suffisant. Il faut agir et se battre pour son abolition !

★

De la même manière que l'abolition de l'esclavage était une bataille pour les droits humains et pas seulement pour les droits des Noirs, l'abolition de la prostitution est une bataille pour la dignité humaine et pas seulement pour la dignité des femmes.

Notes

1. *Country Reports on Human Rights Practices*, 2005.
2. Sabine Dusch, *Le Trafic d'êtres humains*, PUF, Paris, 2002.
3. Patrick Belser, *Forced Labour and Human Trafficking : Estimating the Profits*, ILO Working Paper, mars 2005. Belser estime les profits de la « prostitution forcée » à 70 % des revenus, c'est-à-dire avec un rendement largement supérieur à n'importe quelle industrie traditionnelle.
4. René Passet et Jean Liberman, *Mondialisation financière et terrorisme*, Montréal, Écosociété, 2002.
5. Charles Grosjean, « Du sexe au log », entretien donné au site Après la Pub.
6. BIT, *Le Secteur du sexe : fondements économiques et sociaux de la prostitution dans le Sud-Est asiatique*, 1998.
7. *Ibid.*, p. 213.
8. Élaine Audet, *Prostitution, perspectives féministes*, Syros, Montréal, 2005, à propos du livre de Yolande Geadah, *La Prostitution, un métier comme un autre ?*, Montréal, VLB, 2003.

9. *Ibid.*
10. *Ibid.*
11. E/CN.4/Sub.2/2001/30.
12. « Travail et Mondialisation », *Cahiers du Genre*, n° 40, 2006.
13. Malka Marcovich, *Le Système de la prostitution : une violence à l'encontre des femmes*, rapport à la Commission nationale contre les violences envers les femmes, 2002.
14. Julia O'Connell Davidson, *L'Exploiteur sexuel*, Congrès mondial contre l'exploitation sexuelle d'enfants à des fins commerciales, Yokohama, 2001.
15. Sven Axel Mansson, *Les Pratiques des hommes clients de la prostitution* ; traduction française de Malka Marcovich, 2003, à consulter sur sisyphe.org.
16. Françoise Héritier, *Masculin-féminin II, Dissoudre la hiérarchie*, Odile Jacob, 2002.
17. Saïd Bouamama, *L'Homme en question, le processus du devenir client de la prostitution*, Ifar/Mouvement du Nid, 2004.
18. Patrizia Romito, *Un silence de mortes*, Syllepse, 2006.
19. Christelle Taraud, *La Prostitution coloniale*, Payot, 2003.
20. Élaine Audet, *op. cit.*, p. 106.
21. Josette Trat (sous la direction de), *L'Autonomie des femmes en question : antiféminismes et résistances*

en Amérique et en Europe, L'Harmattan, 2006.

22. Voir l'article du *Nouvel Observateur*, « Diana, prostituée », août 2002 : « *La prostitution est tout sauf un métier comme les autres. Beaucoup de filles sont maltraitées, on se fait taper, parfois violer et voler. Non, vraiment on ne peut souhaiter ça à aucun être humain.* »
23. Sabine Dusch caractérise la pornographie comme une « *inflation iconique, marquée par une sexualité exhibitionniste, agressive, hyper-réaliste et frénétique, ponctuée d'actes sexuels de plus en plus extrêmes* ».
24. « Violence et champ social », Ministère de l'Emploi et de la Solidarité, Rapporteur Dr Pierre Benghosi, décembre 2000.
25. Vednita Carter, « Survivante de la prostitution », directrice du programme Breaking Free à Minneapolis.
26. Le fait que se développe une prostitution visant les femmes en tant que clientes (et surtout une prostitution d'homosexuels et de travestis) n'enlève rien à cette affirmation. Elle prouve simplement que la marchandisation du sexe s'étend à d'autres « catégories de clients ».
27. « Hypoesthésie » est le terme médical utilisé pour décrire une diminution de la sensibilité à la stimulation.

Bibliographie succincte

- Audet (Élaine), *Prostitution, perspectives féministes*, Sisyphe, Montréal, 2005.
- BIT, *Le Secteur du sexe : fondements économiques et sociaux de la prostitution dans le Sud-Est asiatique*, 1998.
- Convention du Conseil de l'Europe sur la lutte contre la traite des êtres humains, STCE n° 197.
- Fraisse (Geneviève), *Du consentement*, Le Seuil, 2007.
- Geadah (Yolande), *La Prostitution, un métier comme un autre ?*, Montréal, VLB, 2003.
- Legardinier (Claudine), *Les Trafics du sexe. Femmes et enfants marchandises*, Toulouse, Éditions Milan, 2002.
- Louis (Marie-Victoire), « Le corps humain mis sur le marché », *Manière de voir*, n° 44, 1999.
- Marcovich (Malka), *Le Système de la prostitution : une violence à l'encontre des femmes,* rapport à la Commission nationale contre les violences envers les femmes, 2002.
- Mouvement du Nid, *Prostitution et société*, revue trimestrielle n°129 et hors-série 1998.
- Poulin (Richard), *Abolir la prostitution*, 2006 ; *La Mondialisation des industries du sexe*, Imago, 2005 ; *Enfances dévastées, L'Enfer de la prostitution,* Ottawa, Éditions Interligne, 2007.
- Raymond (Janice G.), *Dix raisons pour ne pas légaliser la prostitution*, 2005.

Pour l'éditeur, le principe est d'utiliser des papiers composés de fibres naturelles, renouvelables, recyclables et fabriquées à partir de bois issus de forêts qui adoptent un système d'aménagement durable.

En outre, l'éditeur attend de ses fournisseurs de papier qu'ils s'inscrivent dans une démarche de certification environnementale reconnue.

Achevé d'imprimer en août 2008
par l'imprimerie Liberduplex (Barcelone, Espagne)
49.3415.01.4